dq

**O QUE É
DEPENDÊNCIA
QUÍMICA**

Distribuição

Caixa Postal 1820 – CEP 13360-000 – Capivari – SP
Telefones: (19) 3491-7000 | 3491-5449
Vivo (19) 99983-2575 | Claro (19) 99317-2800
vendas@editoraeme.com.br – www.editoraeme.com.br

Solicite nosso catálogo completo, com mais de 500 títulos, onde você encontra as melhores opções de literatura infantojuvenil, contos, obras biográficas e de autoajuda, mensagens, romances palpitantes, cursos e estudos esclarecedores, bem como obras relacionadas à dependência química, com relatos pessoais e textos sobre tratamento e prevenção ao uso de drogas.

Caso não encontre os nossos livros na livraria de sua preferência, solicite o endereço de nosso distribuidor mais próximo de você.

dq

MARIA HELOISA BERNARDO [PSICÓLOGA]

O QUE É DEPENDÊNCIA QUÍMICA

INDEPENDA

NOVA CONSCIÊNCIA
EDITORA

© 2014 Maria Heloisa Bernardo

1ª edição – agosto/2015 – 3.000 exemplares

CAPA | André Stenico
DIAGRAMAÇÃO | Rafael S. Gatti
REVISÃO | Editora EME

FICHA CATALOGRÁFICA ELABORADA NA EDITORA

Bernardo, Maria Heloisa, 1954 -
    O que é dependência química / Maria Heloisa Bernardo –
1ª ed., ago. 2015 – Capivari, SP : Editora Nova Consciência.
    192 p.

    ISBN Editora Nova Consciência 978-85-63448-52-1
    ISBN Independa Editora 978-85-69203-05-6

1. Dependência química. 2. Alcoolismo. 3. Álcool. 4. Cigarro.
5. Drogas. 6. Codependência. 7. Espiritualidade. I. Título.

CDD 615.7

SUMÁRIO

Por que um livro sobre dependência química?............7

A dependência química..11

Fases da evolução da doença 29

Breve história das drogas..47

As drogas e seus efeitos..63

Álcool e tabaco - mitos e realidade 81

Tudo sobre as drogas 95

Recuperar é possível 113

Espiritualidade e dependência química....................133

Prevenir é necessário 153

Codependência: a doença da família........................167

Voltando ao princípio..189

POR QUE UM LIVRO SOBRE DEPENDÊNCIA QUÍMICA?

O USO ABUSIVO DE drogas não mais deve ser considerado um fenômeno marginal, isolado ou restrito a grupos específicos da sociedade. Estatísticas de fontes especializadas, como a OMS – Organização Mundial da Saúde, dentre outras, indicam crescimento do consumo de substâncias psicoativas em todo mundo e, particularmente nos centros urbanos, atingindo cerca de 10% das populações, independentemente de idade, sexo, nível de instrução e poder aquisitivo.

Trata-se, portanto, de uma questão que envolve sobremaneira o bem-estar social e particularmente a saúde pública e, cuja gravidade pôde ser medida em recente pesquisa do Ibope que continua apontando as questões que envolvem o uso abusivo e a disseminação das substâncias psicoativas como uma das maiores preocupações do povo brasileiro.

Nossa experiência profissional confirma tanto o crescimento no consumo de drogas quanto a diversificação do perfil dos usuários. As pessoas que hoje procuram orientação sobre drogas pertencem aos mais diferentes grupos étnicos, culturais e socioeconômicos. São universitários, estudantes de segundo grau, educadores, diretores de empresas, profissionais de saúde e RH e donas de casa. Com eles, temos aprendido a enfrentar essa síndrome insidiosa, que provoca danos físicos em seu portador e sofrimento emocional aos seus familiares e amigos.

Observando experiências de outros países e, principalmente, analisando o comportamento de milhares de pacientes, observamos que táticas de amedrontamento, não apenas são ineficazes, como comprometem a credibilidade do tratamento. Tratar dependência química é possível, sim! Avanços terapêuticos na área asseguram bons índices de recuperação. Mas prevenir está na base do sucesso do combate à doença.

A experiência em lidar com dependentes no setor de tratamento e na implantação de programas preventivos fez crescer a convicção de que apenas uma orientação franca, baseada em fatos – não em ameaças e mistificações – sobre a síndrome e seus efeitos, pode contribuir para um melhor equacionamento sobre uso, abuso e dependência de substâncias psicoativas. Não se faz prevenção somente com informação, é verdade. Mas não se faz prevenção sem informação – clara, correta, fundamentada.

Conscientizar, elevar o nível de conhecimento e mobilizar para uma mudança de valores e atitudes são ações relevantes em qualquer esforço preventivo. É a esta tarefa que pretendemos nos dedicar na publicação deste livro. Nossa principal expectativa é de que as informações aqui apresentadas possam ser úteis aos seus destinatários preferenciais – pais, educadores, agentes comunitários, profissionais de saúde, e todos aqueles que desejam conhecer melhor a síndrome da dependência química.

MARIA HELOISA BERNARDO

Para ter acesso às atualizações do conteúdo deste livro, acompanhe a série de *e-books O que é dependência química*, de Maria Heloisa Bernardo, editada e distribuída gratuitamente pelo Instituto Independa:

www.oqueedependenciaquimica.com.br

A DEPENDÊNCIA QUÍMICA

TRÊS ESCOLAS DE PENSAMENTO tentam explicar a dependência química

Muitos estudos e pesquisas no campo das compulsões têm sido desenvolvidos nas quatro últimas décadas, iluminando a compreensão da natureza da dependência química. Este conhecimento vem gerando várias teorias sobre dependência química, o que torna muitas vezes difícil a sua compreensão e a fusão delas.

Apesar disso, torna-se imprescindível este esforço, pois ele orientará sobre as políticas globais de prevenção, assim como a metodologia e as estratégias de tratamento neste campo. Tradicionalmente, destacam-se três grandes escolas de pensamento sobre a **natureza da dependência química.**

O MODELO ACADÊMICO – Este modelo explica que a dependência química é causada pela adaptação do corpo aos efeitos tóxicos das drogas em nível bioquímico e celular. A ideia principal deste conceito é a de que determinada quantidade de droga, em determinado período de tempo, levará a mudanças nas células corporais e cerebrais resultando na dependência.

Quatro mudanças caracterizam este processo:

A primeira, conhecida como tolerância, ocorre à medida que o organismo passa a necessitar cada vez mais de doses maiores para experimentar os mesmos efeitos prazerosos das doses iniciais.

Na segunda mudança, o corpo "necessita" das drogas para manter o equilíbrio.

A terceira é a síndrome de abstinência, que se manifesta com a parada abrupta do uso da substância psicoativa, gerando profundo desconforto físico e emocional, com forte anseio pela droga.

A quarta mudança, dentro deste modelo, é conhecida como dependência psíquica. Resulta da influência direta das drogas na química cerebral, condicionando o usuário aos efeitos prazerosos proporcionados pelas substâncias.

O MODELO DE DOENÇA – Este modelo afirma que a dependência química é uma doença primária, progressiva, crônica e potencialmente fatal. Preconiza que sua causa é consequência de deficiências orgânicas e genéticas que alteram o metabolismo, a química cerebral e o funcionamento dos neurotransmissores. Destaca também que a doença é deflagrada pela experimentação das drogas por um organismo suscetível num ambiente favorável ao abuso de drogas. A pessoa suscetível experimenta compulsão, perda de controle e continuidade do uso a despeito das consequências negativas físicas, emocionais, sociais e espirituais.

O MODELO SOCIAL – Muitos estudos sociológicos indicam que a pressão de grupos, o estresse físico/emocional e outros fatores ambientais levam os indivíduos a buscar, usar e manter contínua dependência de drogas. Neste modo, existem cinco níveis considerados da experimentação à dependência. São eles:
- Uso experimental.
- Uso recreativo.
- Uso habitual.
- Abuso de drogas.
- Dependência, onde a principal característica é a perda de controle do uso dos químicos.

A explicação mais atual para a dependência química encontra-se na CID – Classificação Internacional das Doenças. Suas descrições clínicas e diretrizes diagnósticas abordam a dependência de forma global, apresentando o conceito 'síndrome de dependência' como um conjunto de fenômenos fisiológicos, comportamentais e cognitivos, no qual o uso de uma substância, ou uma classe de substâncias, alcança uma prioridade muito maior para um determinado indivíduo do que outros comportamentos que antes tinham muito valor.

COMPREENDENDO A DEPENDÊNCIA QUÍMICA

Drogas alteradoras do humor produzem modificações no cérebro que alteram o seu funcionamento. O cérebro é composto de milhões de células que se comunicam umas com as outras e com o resto do corpo, enviando e recebendo mensagens químicas. Estas células cerebrais contêm mensageiros químicos, chamados neurotransmissores, que são lançados milhares de vezes a cada segundo, e depois voltam às células cerebrais das quais foram descarregados, onde serão ainda usados novamente para levar outras mensagens. Cada célula cerebral tem um balanço específico que varia de pessoa para pessoa. O balanço de neurotransmissores de cada indivíduo fornece a base química para a sua personalidade, habilidades e capacidade de superar dificuldades físicas e psicológicas. Somente quando o balanço é mantido, podemos nos lembrar, concentrar-nos, aprender, coordenar e competir plenamente.

Uma vez alterada a função do cérebro, a pessoa

experimenta mudanças físicas, emocionais e comportamentais. Substâncias psicoativas, portanto, têm o poder de alterar o pensamento, danificar a mente e o corpo e afetar o comportamento e os relacionamentos. Com atração e afinidade pela mente, agem sobre o sistema nervoso central e particularmente sobre o cérebro. Os novos conceitos sobre dependência química ensinam que não há drogas pesadas do ponto de vista do desencadeamento da doença. Da nicotina ao álcool, passando por maconha, cocaína, *crack* e psicotrópicos, todas as drogas apresentam-se como poderosos indutores da dependência. Elas dispõem de uma propriedade comum sobre o cérebro, que é a de produzir uma recompensa essencialmente prazerosa no início de seu uso, desencadeando a ação repetitiva e levando, com o tempo, à dependência química. Desenvolver a dependência química, e qual o tempo que isso leva, depende da droga utilizada e da pessoa que a utiliza. Assim como em qualquer outra questão que envolve saúde, o grau de vulnerabilidade de uma pessoa a desenvolver dependência química depende de certos fatores predisponentes pessoais, do meio ambiente e do químico de escolha.

    A dependência química pode ocorrer quando alguém, de algum modo, ultrapassa seu limiar invisível, liberando um tipo de resposta bioquímica no cérebro através do consumo repetitivo de substâncias psicoativas.

Embora a dependência química seja reconhecida como uma síndrome pela maioria das associações médicas internacionais e o alcoolismo, declarado como doença pela OMS, ainda hoje, no Brasil, vigoram polêmicas a respeito.

Mesmo entre aqueles que aceitam a dependência química como doença ou síndrome, ainda existe a crença incorreta de que a sua causa primária seja somente psicológica ou psiquiátrica.

Pesquisas recentes nos levam à compreensão dos motivos que desencadeiam em algumas pessoas a dependência.

Sabe-se que uma parte da resposta se encontra na genética. Cada pessoa tem uma constituição química e genética particular. Isto pode afetar a maneira como uma droga age sobre o cérebro da pessoa. Talvez afete, também, a velocidade com que o cérebro restabelece seu nível químico depois que as drogas são usadas. Da mesma forma que a constituição genética leva as pessoas a terem olhos azuis ou castanhos, pode também levá-las a se tornarem dependentes.

Por exemplo, mais filhos de alcoolistas tornam-se dependentes de drogas do que os filhos de pais não alcoolistas. Quase 95% dos usuários de cocaína e 80% dos alcoolistas são filhos de pais dependentes químicos. Mesmo que os filhos de dependentes químicos sejam separados de seus pais desde o nascimento, continua a ser alto o índice de desenvolvimento da dependência química. Isso é uma evidência de que a causa da dependência supera o ambiente do lar.

Outra razão pela qual algumas pessoas se tornam dependentes encontra-se na atitude da sociedade. A propaganda, a TV, os filmes, os amigos e, muitas vezes os pais, transmitem mensagens do tipo: "Se você estiver cansado tome um Valium ou um Lorax." Pessoas de todas as idades, classes socioeconômicas e culturais usam álcool e drogas por duas razões: para aumentar o prazer e para enfrentar ou esquecer a dor emocional e os sentimentos desconfortáveis.

Para se compreender a natureza da dependência química é necessário conhecer os efeitos da tolerância no organismo. O corpo considera veneno qualquer droga que ingere. Vários órgãos, principalmente o fígado e os rins, tentam eliminar a substância química antes que cause muito dano. Mas o uso de droga, por período constante, força o corpo a mudar, adaptar-se e a desenvolver tolerância.

Tolerância é a capacidade do organismo de adaptar-se ao uso de substâncias psicoativas de tal modo que o efeito buscado diminui. Assim, para sentir o mesmo bem-estar, o usuário aumenta a quantidade que usa a cada vez. Às vezes chega a usar doses enormes, capazes de matar uma pessoa normal. Nesta etapa, a falta da droga poderá resultar no que se chama síndrome de abstinência aguda, causando grande desconforto físico e emocional. Parte é criada pelos danos físicos e pela necessidade da substância psicoativa. Parte da dor é causada pela reação psicológica de perder o principal método de lidar com a vida. E parte é social, causada pela separação de uma maneira de viver centrada na dependência química.

A NATUREZA DA COMPULSÃO

É síndrome – Dependência química é uma síndrome biopsicossocial ativada por uma predisposição de a pessoa desenvolver dependência a substâncias psicoativas que provocam alterações no estado de humor.

É uma síndrome que pode ser reconhecida através de sinais e sintomas específicos. Um profissional especializado pode reconhecer de modo rápido e seguro a presença ou não da doença.

É primária – É considerada primária, provocando por si mesma problemas de ordem secundária, tanto clínicos quanto emocionais e psíquicos. Estes problemas decorrentes da dependência não podem receber tratamento eficiente a não ser que a doença primária seja controlada.

É progressiva – Apresenta um curso progressivo e previsível, sem possibilidade de regressão, evoluindo para estados de maior gravidade se não for estacionada.

É crônica – É crônica no sentido de que a dependência não deve ser encarada como um único ataque agudo, mas pelo seu caráter permanente, com uma vulnerabilidade contínua aos sintomas da recaída. Pode evoluir para a fase terminal devido às drásticas alterações no comportamento e sistema de valores ético-morais, colapso mental/emocional, falência completa dos órgãos ou o suicídio.

É tratável – A dependência química é tratável, embora não se possa curá-la. Seus sintomas podem ser detidos através da abstinência total do uso de toda e qualquer substância química que altere o humor. Além da abstinência, a vulnerabilidade do dependente químico à recaída pode ser controlada através de mudanças permanentes no estilo de vida, atitudes e comportamento.

ALCOOLISMO FOI SEMPRE OBJETO DE JULGAMENTO MORAL

O uso de substâncias psicoativas, especialmente o álcool, tem sido objeto recorrente de julgamento moral da sociedade.

Apesar dos estudos que hoje explicam melhor a dependência química, prevalece ainda algum desconhecimento em relação à doença e preconceito contra os dependentes, situação que, de certo modo, evoluiu pouco nos últimos dois séculos.

A história apresenta o álcool como "vício" e o alcoolista como um "desvirtuado". Em 1784, nos Estados Unidos, o famoso dr. Benjamin Rush criou uma estranha tabela na qual relacionava alguns "vícios" com o consumo de bebidas alcoólicas. Para Rush, o ponche provocava preguiça, induzindo ao jogo e às dívidas. O rum com os ovos era associado à "rabugice", vômitos, tremores nas mãos e ameaça de cadeia.

A partir de 1830, desenvolveu-se naquele país o movimento conhecido por "temperança" cuja base era a proibição ao uso de bebidas alcoólicas. O álcool tornou-se um vilão responsável por vários males. Grupos conservadores, como a União Cristã de Mulheres (WCTU), organizaram-se para realizar sessões de oração em tabernas, hotéis e farmácias, pedindo o fechamento dos estabelecimentos ou o fim da venda de bebidas.

Alcoolistas eram conhecidos como "ébrios", pessoas imorais que haviam feito uma opção pela vida de promiscuidade.

Este movimento popular cresceu e pressionou o governo a criar, em 16 de janeiro de 1920, uma lei de proibição de bebidas alcoólicas. A chamada "Lei Seca" durou treze anos e apenas contribuiu para a proliferação do crime organizado. "Foi o período em que mais se bebeu nos EUA."

O impulso para a melhor compreensão do alcoolismo como doença ou síndrome surgiu em 1935 com a criação da irmandade de AA – Alcoólicos Anônimos, ainda hoje uma referência em recuperação de dependentes químicos. O primeiro grupo de AA fundado no Brasil foi em 05/09/1947. Mas apenas no início da década de 1970 registraram-se as primeiras iniciativas organizadas para tratamento de alcoolismo no país. Até então, os "bêbados", considerados casos sem solução, eram relegados a leitos de hospitais psiquiátricos. De lá para cá, embora tenha se observado significativo avanço terapêutico parece persistir uma tendência de estigmatização do dependente de álcool.

PARAFRASEANDO

RECOMPENSA PRAZEROSA

"As drogas indutoras de dependência têm uma propriedade comum sobre o cérebro, que é a de produzir uma recompensa essencialmente prazerosa. É o que, inicialmente, induz à ação repetitiva e, com o tempo, à dependência (...). Essas sensações agradáveis induzem ao que chamamos de 'reforço positivo' no cérebro, isto é, o desejo de repetir a experiência. As drogas produtoras de dependência são reforçadores poderosos, criando uma verdadeira compulsão ou estado compulsivo. Isso faz com que o objetivo principal do indivíduo passe a ser conseguir a droga e garantir o seu consumo. Em consequência, gera propensão e recaídas, quando se interrompe o seu uso."

José Elias Murad (1924-2013), médico, farmacêutico e químico. Autor, entre outros livros, de *Drogas – o que é preciso saber*.

EQUILÍBRIOS INSTÁVEIS

"Quando alguém utiliza drogas, tem a intenção de fazê-lo. Mas, ao mesmo tempo, é ultrapassado por esta intencionalidade, não tem total controle sobre ela. Para o usuário a droga é simultaneamente boa e má (...). Ele vive submetido a um jogo de equilíbrios instáveis de prós e contras. Isso explica porque é difícil tratar e fazer prevenção no campo da droga dependência."

Claude Olievenstein (1933-2008), psiquiatra alemão, foi diretor do Centre Medical de Mamottan, em Paris.

PREJUÍZOS À SAÚDE

"Como a dependência de álcool não é uma condição de 'tudo ou nada', é necessário entender que alguém não precisa ser dependente para apresentar problemas relacionados ao uso do álcool. Por exemplo, alguém que beba duas ou três doses de uísque toda noite pode não ser dependente do álcool, mas está usando essa substância de forma perigosa, enfrentando um risco muito maior de ter gastrite, pancreatite, hepatite alcoólica, problemas para dormir etc. Na realidade, existem muito mais pessoas que usam o álcool, de forma prejudicial à saúde, sem serem dependentes, do que pessoas medicamente consideradas dependentes do álcool, que também estão comprometendo sua saúde."

Ronaldo Laranjeira, psiquiatra, professor titular do Departamento de Psiquiatria da UNIFESP, é diretor do INPAD (Instituto Nacional de Ciência e Tecnologia para Políticas Públicas do Álcool e outras Drogas) e coordena a UNIAD (Unidade de Pesquisas em Álcool e Drogas) – extraído do livro *O alcoolismo – mitos & verdades*.

TUDO O QUE VOCÊ SEMPRE QUIS SABER...

Algumas perguntas selecionadas dentre as mais comuns de pais, parentes e amigos de dependentes de substâncias psicoativas (SPA).

1 – Usuários de drogas são indivíduos realmente doentes ou apenas não têm força de vontade suficiente para deixar de consumir drogas?

Ao contrário do que possa parecer, o abuso de álcool e drogas nada tem a ver com deficiência de caráter ou fraqueza de espírito. Durante muitos anos, alcoolistas e dependentes foram equivocadamente tratados por familiares, amigos e empregadores como indivíduos sem força de vontade. Este enfoque moralista é página virada. A evolução dos estudos sobre dependência química permitiu compreender melhor a dinâmica da doença. Caracteriza o dependente, a perda do controle do uso. No início, ele procura na droga uma gratificação. Com o desenvolvimento da doença e o aumento da tolerância do organismo ao químico, ele passa a buscar na droga, compulsivamente e sem controle, alívio para a dor causada por seu uso. São comoventes as histórias de dependentes que, mesmo sofrendo pelo uso, não conseguem deixar de consumir a droga. A dependência é uma doença que, em longo prazo, produz sérios danos físicos, psicológicos e sociais.

2 – O sistema público de saúde trata os alcoolistas como doentes psiquiátricos. Por que razão?

Isso se deve provavelmente a três razões. A primeira talvez seja o estigma social. Existe uma tendência histórica, perpetuada pelo sistema público de saúde, de rejeição à figura do alcoolista, considerado este um sociopata sem força de vontade, sem caráter e desprovido de sentimentos bons, ao qual só restaria, portanto, como último recurso, o atendimento psiquiátrico. Na maioria das vezes, eles são recusados nos hospitais gerais. O segundo motivo pode estar relacionado ao desconhecimento sobre a natureza da dependência química entre os técnicos de saúde, produto de deficiência na formação acadêmica e profissional. O conhecimento sobre a doença é relativamente novo. Diante da dificuldade de enquadrá-la, a opção recaiu sobre a categoria psiquiátrica, certamente porque, em estágios avançados, há danos neurológicos que transformam o problema do paciente em caso de distúrbio mental. A terceira e última refere-se a uma questão econômica. Dada à natureza complexa da doença, o tratamento exige a abordagem de equipes multidisciplinares dentro de um contexto clínico específico, o que o torna bastante oneroso.

3 – Por que dizem que a dependência é uma doença primária, crônica, progressiva e fatal?

A classificação de doença primária significa que ela não é apenas mero sintoma de outra enfermidade subjacente. Antes de tratar os problemas secundários gerados pela dependência química, seja de origem clínica seja comportamental, é preciso controlá-la. Pesquisas recentes mostram que algumas pessoas nascem com maior predisposição para dependência química, fato que reforça a sua condição de doença primária. Como a diabetes, ela é crônica porque não tem cura. Mas pode ser controlada mediante a abstinência do uso de substâncias psicoativas. É progressiva porque se não for detida avança para estágios de maior gravidade, podendo levar o portador à morte por falência de órgãos e acidentes de toda natureza, o que a torna uma doença fatal.

4 – Quase todo alcoolista acha que não tem problema com a bebida e pode parar quando quiser. Se o alcoolismo é uma doença, por que os alcoolistas não aceitam que precisam de tratamento?

A negação da doença é uma das principais características do alcoolista. Vem sempre acompanhada da ilusão de que pode controlar o seu uso. Estes dois mecanismos de defesa constituem sérios obstáculos, muitas vezes intransponíveis, à recuperação, pois escondem do dependente a sua dolorosa realidade. Em um estágio inicial da doença, o alcoolista nega o problema, porque o consumo do álcool ainda não provoca danos físicos ou comportamentais perceptíveis. No estágio médio, ele não consegue atribuir os problemas de sua vida ao uso; na maioria das vezes, acredita ingenuamente que o álcool é solução para eles. No estágio crônico, seu pensamento e juízo apresentam-se comprometidos por danos neurológicos. A dependência química é uma doença crônica bastante insidiosa. Instala-se gradativamente, permitindo que o seu portador vá se ajustando à sua evolução. Como os dependentes se adaptam à doença, quase sempre não conseguem fazer a distinção entre beber e abusar da bebida.

5 – Alguns dependentes de drogas até admitem a necessidade de ajuda, mas resistem à ideia do tratamento. O que a família pode fazer para ajudar?

Os familiares são aliados importantes na tarefa de motivar o dependente químico para o tratamento. Tentativas de argumentação racional, ameaças teatrais ou mesmo pedidos lacrimejantes para que o dependente aceite tratamento quase nunca surtem efeito. São as situações-limite, de crise e significativa perda pessoal, que derrubam as barreiras impostas pelo dependente. O primeiro passo, portanto, é romper com os mecanismos da facilitação. A família precisa fazer com que ele perceba que o uso de drogas está afetando negativamente sua vida. Na prática, precisa evitar atitudes paternalistas e de proteção do dependente: não cobrir cheques sem fundo, não resolver problemas pessoais, não inventar justificativas para o uso de drogas, não protegê-lo da repercussão ruim de seus atos cometidos sob o efeito de drogas.

O segundo passo é reconhecer a sua própria codependência. Muitas vezes os familiares apresentam-se tão ou mais afetados que o dependente. A convivência com o problema os torna disfuncionais. A família precisa se conscientizar de que ela não causa, não controla e não cura a dependência química. Procurar ajuda em grupos anônimos como Alanon e Naranon são também recomendáveis. Em casos mais graves de disfuncionalidade familiar orienta-se para busca de ajuda profissional.

GLOSSÁRIO BÁSICO DA DEPENDÊNCIA QUÍMICA

Abstinência – Deixar de fazer algo que se fazia com frequência.
Adicção – Termo usado como sinônimo para dependência de drogas.

Dependência – Quando o indivíduo não consegue ficar sem determinada situação, objeto, substância ou pessoa.

Depressor – O que deprime o estado de humor do organismo, diminuindo as suas funções.

Droga – Substância ou produto que altera as funções do organismo. Popularmente usa-se a palavra como sinônimo de tóxico ou veneno.

Estimulante – Aquilo que estimula ou inicia um comportamento diferente; substância ou produto que estimula o exercício de uma determinada função no organismo.

Psicotrópico – Aquilo que tem afinidade, atração, tropismo pela mente. É uma droga que age diretamente sobre o cérebro.

Tolerância – Diminuição dos efeitos das drogas no organismo, levando a um aumento da dose para conseguir os mesmos efeitos.

Tóxico – Substância que envenena, que faz mal ao organismo.

FASES DA EVOLUÇÃO DA DOENÇA

A SÍNDROME EMOCIONAL E AS FASES DE PROGRESSÃO DA DEPENDÊNCIA QUÍMICA

CONSTANTEMENTE PERGUNTA-SE:

Que tipo de indivíduo desenvolve a dependência química?

Que tipo específico de personalidade pode transformar um usuário de drogas em dependente delas?

Respostas ainda pouco conclusivas parecem indicar que todo tipo de pessoa e personalidade pode se tornar dependente.

A dependência química é uma doença democrática. Não escolhe sexo, posição social, raça ou religião para se manifestar. Também parece não ter relação evidente com determinado tipo de caráter, estrutura de personalidade ou biotipologia. Pode ser identificada entre presidentes de nações e primeiras damas, intelectuais, artistas de todas as modalidades, diretores de grandes organizações, donas de casa, jovens de todas as classes sociais, indigentes, crianças abandonadas e pessoas de famílias aparentemente estruturadas. Incide igualmente, sem distinção, sobre aqueles que foram amados e amparados em sua infância e juventude, assim como entre os rejeitados e abandonados à própria sorte.

Uma vez instalada a doença, o que ocorre de forma previsível é que ela induz todos os seus portadores a se comportarem de forma destrutiva e antissocial.

LIÇÕES DE VERNON JOHNSON

A dependência química tem sido até aqui um problema de saúde particularmente complexo para ser tratado dentro da estrutura oferecida pelos cuidados médicos convencionais. Existem, hoje, recursos bastante eficientes para enfrentar as consequências clínicas relacionadas à síndrome da dependência química. O grande desafio continua sendo o de lidar com o comportamento descontrolado e autodestrutivo do dependente.

Um método de trabalho que apresenta boa eficácia é aquele que denominamos como "eclético/pragmático". Não saímos a campo com o intuito de provar teoria alguma. Pelo contrário, procuramos combinar conhecimentos técnicos atuais com uma observação clínica sistemática do dependente no "contexto" de tratamento, otimizando os mais variados recursos que possam trazer "lucro terapêutico".

A despeito dos avanços científicos importantes na área, há hoje, ainda, muito mais incertezas do que certezas no campo da dependência química. Mesmo diante dessa constatação, porém, profissionais e pessoas interessadas no tema têm à sua disposição um conjunto de conhecimentos substanciais e bastante eficazes para ajudar dependentes de substâncias psicoativas motivados para a recuperação.

É fundamental a compreensão da dependência química sob o ponto de vista da deterioração emocional oferecida por Vernon E. Johnson, fundador e presidente emérito do Johnson Institute de Minneapolis, nos EUA. Os seus pressupostos, baseados em décadas de trabalho clínico e de pesquisas em conjunto com equipes interdisciplinares, desvendaram o processo básico e complexo da síndrome emocional, que faz com que os dependentes, por mais afetados que estejam pela natureza fatal de sua doença, jamais se convençam de sua realidade e dificilmente se prontifiquem a aceitar ajuda especializada.

É sobre a evolução desta síndrome que pretendemos tratar neste capítulo.

OS TRÊS ESTÁGIOS DA EVOLUÇÃO DA SÍNDROME EMOCIONAL

Pode-se cuidar dos problemas físicos decorrentes da dependência química com relativa facilidade. As principais barreiras ao tratamento encontram-se nos aspectos emocionais ou psicológicos da síndrome. Para melhor compreensão didática dessa questão, convém dividir as emoções humanas em três tipos:

1 – **euforia** (intensa alegria)
2 – **normalidade** (conforto emocional)
3 – **dor emocional** (depressão)

Os nossos sentimentos podem oscilar entre a dor emocional ("Eu não me sinto nada bem, estou chateado, deprimido!") a normalidade ("Eu estou bem, estou sereno!...") e, num outro extremo, a euforia ("Eu estou muito feliz!").

A maioria das pessoas situa-se provavelmente na faixa do conforto emocional, a da "normalidade", oscilando periodicamente, conforme as situações particulares de perdas ou ganhos durante a vida. Uma parcela da humanidade, que certamente precisa mais de ajuda, vive em estado de dor emocional crônica.

Existem ainda pessoas perenemente positivas, alegres e entusiasmadas embora constituam, possivelmente, grupo menor do que os anteriormente citados.

É comum a ideia de que a dependência química atinge proporcionalmente mais as pessoas infelizes e, de outro lado, os indivíduos bem ajustados, produtivos e donos de uma personalidade harmoniosa, desenvolvam "imunidade natural" contra a doença. Estudos demonstram, no entanto, que isto não é verdadeiro: as condições emocionais parecem ter pouca relação com o surgimento da síndrome. A dependência química costuma atingir, indistintamente, qualquer um destes grupos. O que ocorre é que, antes de instalar-se a dependência, o mundo emocional destas pessoas era diferente. Desencadeada a dependência, no entanto, o padrão de evolução da síndrome emocional torna-se universal.

Pessoas dependentes de substâncias químicas não só apresentam semelhanças em relação à patologia, como também respondem a tratamentos similares. Passamos a descrever, a seguir, as etapas de desenvolvimento desta síndrome que se instala progressiva e insidiosamente.

Dentro de uma cultura como a nossa, que facilita a utilização indiscriminada de substâncias psicoativas, toda pessoa com potencial para desenvolver a dependência, desenvolverá de fato.

PRIMEIRA FASE DA SÍNDROME EMOCIONAL

A primeira etapa do uso de substâncias psicoativas reflete uma experiência universal. Há pouca distinção entre um usuário de drogas e um dependente delas. Nessa fase, existe a descoberta, o aprendizado da alteração positiva do estado de humor provocada pelas substâncias psicoativas. As sensações são agradáveis e benignas. O fato de alguém sentir-se melhor é uma descoberta real.

A primeira experiência com os químicos corresponde a uma oscilação de emoções que quase sempre pende mais para o lado positivo. Quando o efeito da substância desaparece, a pessoa volta ao normal. Não existe prejuízo aparente. Muito menos, custo emocional.

Este é o mais poderoso processo de aprendizagem que existe. Não ocorre no plano cognitivo, mas no emocional. O nível de oscilação das emoções pode ser controlado pela quantidade de químicos ingeridos. Rapidamente a pessoa aprende a determinar a quantidade e a escolher o tipo de sensação mais apropriada. É um processo de aprendizagem sutil, completo e quase totalmente inconsciente. Aprende que a substância psicoativa sempre funciona, e passa a desenvolver um relacionamento altamente gratificante com as substâncias psicoativas.

O reforço ao uso aumenta com a experiência e consolida-se. O resultado é um relacionamento profundo que a pessoa levará consigo durante toda a vida.

Nesta fase, não existe nenhum prejuízo. A experiência é positiva e confiável.

A partir de então, a oscilação das emoções passa a ser condicionada de forma mais ou menos regular. Nessa etapa é impossível avaliar quanto tempo a pessoa levará para desenvolver a síndrome, e quem será ou não um dependente. Um determinado indivíduo poderá passar do hábito social de beber à dependência, num período de tempo relativamente curto, enquanto outro poderá levar anos para percorrer o mesmo trajeto.

SEGUNDA FASE DA SÍNDROME EMOCIONAL

Em determinado momento, as "ressacas" começam a ocorrer, e o dependente passa a "ter" um "ônus físico" devido ao consumo da droga. Apesar disso, se as suas emoções pudessem falar, elas lhe diriam que apesar de tudo, ainda "valeu a pena"!

O diálogo, na verdade, não ocorreu. Não foi uma reação mental, mas emocional. Ele não estava pensando essas coisas; ele as estava sentindo! Nesta fase existe forte oscilação no estado de humor até atingir a euforia. Em seguida, porém, ocorre o retorno, estacionando no ponto da normalidade. Se fisicamente o indivíduo sentiu-se mal, psicologicamente foi uma viagem de retorno muito segura até o ponto de partida. Para tornar-se dependente, as condições da experiência com o químico começam a mudar.

A pessoa relaciona-se cada vez mais com a substância psicoativa de escolha. O hábito passa a ter um efeito diferente. O dependente em potencial fica preso numa grande ressaca que o arrasta inexoravelmente até um ponto além do simples hábito social de beber ou usar substâncias psicoativas. Paradoxalmente, o indivíduo acha que tudo está correndo de modo normal. Uma linha invisível, porém, o levou à terceira fase: a síndrome da dependência. Se o indivíduo antes bebia ou usava drogas socialmente, agora se tornou um dependente que arcará com as consequências negativas da doença em todas as esferas de sua vida.

TERCEIRA FASE DA SÍNDROME EMOCIONAL

A terceira fase da síndrome emocional começa com o desenvolvimento da doença de forma perceptível. É possível descrevê-la. Tem sintomas próprios e trajetória previsível. Esta fase se caracteriza pela dependência prejudicial e um aumento do custo emocional decorrente do uso. Observa-se uma deterioração progressiva e significativa na conduta e personalidade do dependente, e, com o tempo, a deterioração física fica bem visível.

Começam a ocorrer alterações violentas na psique,

e, por fim, todo o ambiente emocional do dependente desmorona e se destrói.

A partir deste momento existe um custo emocional progressivo devido ao abuso da substância psicoativa. A evidência da síndrome é reforçada, progressivamente, à medida que o dependente deixa de compreender os indícios cada vez mais evidentes da autodestruição causada pelo consumo de substâncias psicoativas.

É UM PROCESSO INCONSCIENTE. AS JUSTIFICATIVAS PRECISAM SER INCONSCIENTES PARA TER SUCESSO. O USO DE DROGAS TORNOU-SE DESCONFORTÁVEL

O que poderia parecer uma desculpa simples e inofensiva para o próprio ego passa a ser algo mais complexo. A defesa racional do uso é, na realidade, o começo de uma lenta supressão das emoções por parte do intelecto. Infelizmente, a justificativa funciona!

Esta forma de defesa continuará funcionando com êxito cada vez maior com a progressão da síndrome. Com o passar do tempo, o comportamento do dependente se tornará cada vez mais estranho e a habilidade inata e inconsciente de justificar será posta em prática até a perfeição. Tal processo acontecerá gradativa, insidiosa e imperceptível ao dependente, sempre com resultados desastrosos.

"Pessoas normais" justificam-se, mas quando se

veem diante dos fatos, são capazes de retroceder com relativa facilidade, quando confrontadas com os dados de realidade. A "pessoa normal", que possui o sistema de autodefesa em equilíbrio, acaba aceitando críticas quando justas.

O dependente perde esta habilidade. À medida que o comportamento se torna repetitivo, compulsivo e mais extravagante, e, por conseguinte, mais doloroso, as justificativas surgem para fazer frente a esta necessidade progressiva. O dependente torna-se patologicamente rígido e impenetrável.

Com o passar do tempo e a evolução da síndrome, acredita cada vez mais nos aspectos plausíveis desse esforço por estabelecer um senso de dignidade e autoestima.

O resultado final, em geral, é a perda do contato com a realidade. Chega o momento em que o dependente pode sentar-se à frente de qualquer pessoa e declarar com absoluta sinceridade: "Eu não tenho nenhum problema com o abuso de substâncias psicoativas!"

Devido à alteração emocional e continuidade do comportamento destrutivo, a autoilusão torna-se imperativa. Paradoxalmente, passa a ser uma questão de sobrevivência. A progressão do sistema de autoilusão do dependente é outro indício de progressão da síndrome. A autoimagem e autoestima lenta e progressivamente se desintegram. O custo emocional nesta etapa é cada vez maior, e a pessoa começa a experimentar sentimentos de culpa e remorso.

PERMANENTE E CRÔNICO ESTADO EMOCIONAL DE ANGÚSTIA

A sensação subliminar de angústia se torna crônica mesmo quando a pessoa não usa substâncias psicoativas de sua preferência, e as fases perigosas do processo de autodestruição estão em andamento. Nesta etapa o dependente perde o controle sobre o uso e sobre a própria vida. Como resultado, a intensidade do uso conduz o doente à imobilidade: "Eu não presto para nada", costuma dizer o dependente. Passo a passo atinge o estágio final da síndrome emocional. A pessoa amável torna-se irritadiça e hostil. A feliz transforma-se em triste e mal-humorada, e a bondosa pode se mostrar violenta. O sistema de autoproteção do indivíduo desaparece.

Sentimentos negativos do subconsciente ficam expostos. As sequelas desta situação, não tardam a se manifestar, e são autodestrutivas. Existe mal-estar generalizado, a ponto de serem propostas e até mesmo tentadas, medidas desesperadas de fuga do problema.

"Quem sabe se eu trocasse de cônjuge, se mudasse de emprego, de cidade, todo este problema se resolveria", costuma pensar o dependente.

Os estágios finais da doença estão à vista. O uso

contínuo e excessivo de substância psicoativa e o comportamento corrente provocam sentimentos crônicos de suicídio. As emoções dizem: "Eu não valho nada!... Sou um sujeito sem valor!..." ou "Eu poderia muito bem dar um fim em tudo isso". À medida que aumenta a angústia emocional e que se acelera a deterioração da personalidade, esses sentimentos negativos não são claramente percebidos. Muito pelo contrário, permanecem cada vez mais ocultos.

SÍNDROME DE ABSTINÊNCIA TARDIA OU DEMORADA

Além da etapa denominada "aguda", existe outra: a síndrome de abstinência que evolui. Trata-se da síndrome de abstinência tardia ou demorada. Durante muito tempo acreditou-se que o desconforto da retirada da substância psicoativa desapareceria após alguns dias de abstinência. Estudos recentes mostram, no entanto, que esta síndrome é um processo de longa duração e pode manifestar-se por meses ou anos. A abstinência tardia apresenta-se como um conjunto, também muito característico, de sinais e sintomas da dependência química que ocorre como resultado da suspensão do uso de substâncias psicoativas. Surge, em média, de 7 a 14 dias do início da abstinência, dependendo do tipo da droga utilizada e das condições clínicas, emocionais e motivacionais da pessoa em recuperação. É uma síndrome biopsicossocial resultante da combinação de danos causados no sistema nervoso central pelas drogas e o estresse emocional e social de ter que reaprender a lidar com a vida sem elas.

Os sintomas da síndrome de abstinência tardia atingem o seu pico de intensidade de três a seis meses após o início da abstinência. Geralmente, os danos são reversíveis. Isto significa que os sintomas mais graves desaparecem com o tempo se o dependente aceitar um tratamento adequado. Com o tratamento apropriado e uma vida sóbria, é possível aprender a viver equilibradamente, apesar dos danos.

AS FASES DA EVOLUÇÃO DA SÍNDROME E SUAS CARACTERÍSTICAS

1ª FASE – USO SOCIAL:
- Aprendizado da alteração do humor (normal/eufórico)
- Periodicidade de consumo regular
- "Ressacas" ocasionais
- Experiência emocionalmente positiva e gratificante

2ª FASE – MANIFESTAÇÃO DA DEPENDÊNCIA:
- Tolerância às substâncias psicoativas (SPA)
- Tentativas de normalização do estado de humor (depressivo-normal)
- Aumento da quantidade de uso

- Primeiros lapsos de memória
- Queda da produtividade/rendimento no trabalho/escola
- Dificuldades no relacionamento interpessoal
- "Ressacas" cada vez mais frequentes
- Isolamento e sofrimento psíquico e emocional

3ª FASE – INSTALAÇÃO DA SÍNDROME DA DEPENDÊNCIA QUÍMICA:
- Dependência física
- Necessidade de manter certa quantidade da substância psicoativa no organismo para evitar "abstinência"
- Alucinações
- Profundas depressões do humor
- Baixa autoestima
- Ideias de suicídio

TUDO O QUE VOCÊ SEMPRE QUIS SABER...

1 – A dependência química evolui de forma diferente para o alcoolismo e outras drogas? Quais são as diferenças?

> O conhecimento técnico científico de que se dispõe atualmente indica que o dependente possui predisposição ao desenvolvimento da síndrome. Cada indivíduo possui particularidades biopsicossociais e um

equilíbrio neuroquímico único que podem torná-lo mais ou menos suscetível à dependência. A natureza e a evolução da dependência química do ponto de vista da síndrome emocional é praticamente a mesma para toda e qualquer substância psicoativa.

O período, portanto, de evolução e instalação da doença depende de uma série de variáveis como, por exemplo, idade, droga escolhida, graus de sensibilidade do organismo da pessoa, entre outras. Com certeza, o álcool causará uma devastação maior na vida de um adolescente do que na de um adulto, devido à imaturidade global deste organismo, assim como o *crack* provocará sintomas mais rapidamente do que o álcool, em virtude da maior potencialidade da droga e de seu impacto no cérebro dos usuários.

2 – Delírios e alucinações são comuns em dependentes de drogas? Por que ocorrem?

Estes quadros são comuns quando a síndrome da dependência química encontra-se em estágio adiantado.

Surgem durante a síndrome de abstinência aguda, devido à adaptação do organismo aos altos níveis de ingestão de certas substâncias psicoativas como o álcool, e à redução voluntária ou programada destas substâncias.

Na vigência deste quadro sintomático a pessoa fica muito agitada e assustada com o que está lhe ocorrendo, chegando, muitas vezes, a ver bichos e monstros andando nas paredes do quarto e outros quadros bizarros.

3 – É comum um indivíduo dependente de álcool ou drogas, durante a recuperação, ficar irritado e doente? Qual a razão?

Sim, é comum. Isto ocorre devido à síndrome de abstinência demorada. Conhecimentos técnicos recentes comprovam que esta síndrome é um processo de longa duração e pode manifestar-se por meses ou anos na abstinência e/ou na sobriedade. É uma síndrome biopsicossocial resultante da combinação de danos causados ao sistema nervoso central pelas drogas e o estresse, emocional e social, de ter que reaprender a lidar com a vida sem as substâncias psicoativas. Esta síndrome de longo prazo é pouco conhecida em nosso país tanto por profissionais como pelos dependentes e familiares.

4 – Em que estágio do alcoolismo ocorre a "popular tremedeira", que normalmente precisa ser "controlada" com ingestão de álcool logo pela manhã?

Este sintoma, muito característico em alcoolistas, ocorre na fase do alcoolismo em que existe dependência física. É o que geralmente classificamos como a terceira fase. Nela, o organismo adaptou-se aos altos níveis da substância. Quando a pessoa priva-se do álcool, por exemplo, ao dormir, ocorrem as tremedeiras, além de outros sintomas desagradáveis, típicos da síndrome de abstinência aguda. Este e outros sintomas desconfortáveis podem ser fácil e temporariamente eliminados com a ingestão de álcool. Devido a este fenômeno, é tão comum observarmos em bares e padarias, logo no início da manhã, pessoas tomando bebidas alcoólicas ao invés de se alimentarem.

5 – Até qual estágio da doença o tratamento tem mais chances de obter bons resultados? A partir de que momento ele fica menos eficaz?

Apesar de a dependência química provocar danos sérios em todas as esferas da vida de seus portadores, existe atualmente muito otimismo quanto à recuperação tanto parcial quanto integral da doença, inclusive nas fases mais avançadas.

Existe, porém, um estágio caracterizado por lesões neurológicas e físicas graves, e consequentemente, desordens irreversíveis, que inviabilizam a recuperação. Estes dependentes, geralmente muito afetados física e mentalmente, passam a viver vidas vegetais, recolhidos em instituições de apoio, a perambular pelas ruas como indigentes ou atendidos em casa, tornando-se um ônus perene àquelas famílias que se dispõem a acolhê-los.

6 – A pessoa torna-se dependente porque tem um problema emocional ou tem problema emocional porque é dependente? O que vem primeiro?

Os estudos mais recentes e a prática clínica corroboram a crença já antiga de que a dependência é desencadeada por uma predisposição mórbida e que, portanto, primeiro a pessoa é dependente, desenvolvendo disfuncionalidade em todas as esferas de sua vida, inclusive e, principalmente, na esfera emocional.

LEITURA COMPLEMENTAR

Para entender como funciona a técnica chamada intervenção orientada, criada por Vernon E. Johnson, leia o e-book *O que é intervenção orientada*, de Paulo Campos Dias, editado e distribuído gratuitamente pelo Instituto Independa:

www.oqueeintervencao.com.br

BREVE HISTÓRIA DAS DROGAS

VIAGEM PELO TEMPO

O CONSUMO DE DROGAS é tão antigo quanto a existência humana. Sua origem está ligada certamente ao desejo do homem de buscar maneiras de alterar o estado de consciência. Na ânsia de tentar dominar a mortalidade, explorar as emoções, melhorar o estado de espírito, intensificar os sentidos ou promover a interação em seu meio social, o ser humano tem se deixado perseguir por um tentador desejo de "consertar" a realidade.

Os antigos sempre atribuíram ao álcool a força de uma dádiva dos deuses. Para os egípcios, os gregos e os hebreus, o vinho era uma espécie de bálsamo enviado respectivamente por Osíris, Dionísio e Noé. A coca também teve a sua origem associada ao sagrado. Há quase oito séculos, o imperador inca Manco Capac definia o direito de mastigá-la como um rico presente "acima da prata e do ouro".

Quatro mil anos atrás, os sumerianos que habitavam a região hoje ocupada pelo Irã, já cultivavam a papoula de ópio, nutrindo por ela sentimentos de admiração e fascínio. Eufóricos com seus efeitos chamavam-na "a planta da alegria". Seu leitoso fluido branco era fervido até se transformar em goma espessa, depois mastigada, inalada ou misturada em líquidos para, então, ser bebida em ocasiões festivas e solenes.

Graças aos seus efeitos anestésicos e ao fato de provocar euforia, o ópio e o seu derivado, a morfina, tiveram ampla utilização na Guerra Civil americana. A droga criou legiões de "comedores, bebedores e injetadores de morfina". Os tenentes e coronéis, líderes da insurreição, consideravam o vício do ópio preferível ao do álcool, pois o seu usuário "não ficava valente nem barulhento, limitando-se a cochilar sentado a um canto".

Quinhentos anos antes do nascimento de Cristo, os Citas, cujo território se estendia do rio Danúbio ao rio Volga, na Europa oriental, depositavam maconha sobre pedras aquecidas no interior de pequenas cabanas. À noite inebriavam-se com a inalação dos vapores "mágicos". Heródoto, o historiador grego, registrou o folclórico costume. "Nenhum vapor grego é capaz de suplantar o da tenda Cita. Transportados por ele, os citas são capazes de urrar."

Há exemplos célebres considerados até chiques, de utilização de cocaína no final do século 19. O Vin Mariani, um excelente vinho Bordeaux com extratos de folhas de coca, tornou-se bebida popular na Europa de 1890, contando adeptos ilustres como o cientista Thomas Alva Edison.

Medicamentos vendidos sem censura na virada do século, com os imaginosos nomes de xarope, calmante da senhora Wislow e elixir de ópio de McMunn, traziam em sua composição ópio, heroína ou cocaína. O glamour relacionado à "loucura" das substâncias psicoativas – ou por outro lado, o desconhecimento sobre os seus efeitos destrutivos – chegava a ponto de permitir que estojos de cocaína e heroína fossem anunciados em jornais e vendidos em lojas. Ambivalência em relação ao consumo de drogas alcançou o apogeu no começo do século 20. Àquela altura, a média de idade do usuário era de 42 anos.

Em 1941, porém, o Pure Food and Drug Act, o Opium Exclusion Act e o Harrison Narcotic Act arrancaram os opiáceos e a cocaína dos balcões das farmácias. Ao mesmo tempo em que criou uma necessária restrição, a medida gerou, infelizmente, o seu primeiro efeito perverso: o rígido controle das vendas encorajou o desenvolvimento do comércio ilícito nos Estados Unidos que, estima-se, movimenta hoje US$ 100 a US$ 200 bilhões anuais. Algo semelhante havia ocorrido com as bebidas alcoólicas na década de 1920.

Utilizados pela primeira vez na virada do século, os barbitúricos atingiram o auge de consumo nos frenéticos anos 1950. Era a época do lema "Viva melhor com a química". O culto a essas drogas, tidas como "leves" e "recreativas", levou muita gente a acreditar que podiam trazer bem-estar aos usuários, criando uma curiosidade pela experimentação. De carona na emergente "influência química" sobre o comportamento das pessoas, especialmente os jovens, o dr. Timothy Leary, famoso guru do LSD, fez ecoar sua pregação aos meninos dos anos 1960: "Ligue-se, sintonize-se e desligue-se docemente". Com o advento de uma nova droga sintetizada em laboratório, o médico norte-americano defendia a autonomia de poder "mudar a mente", para buscar a sintonia com os tempos libertários da "paz e do amor". Alucinógenos e estimulantes tornaram-se tão populares quanto a Coca-Cola.

Os anos 1970 marcaram o crescimento do uso de depressores. Em meio a uma guerra indesejada no

Vietnã, ainda hoje motivo de expiação do povo norte-americano, a heroína ganhou impulso no mercado negro de drogas. Juntamente com o ópio vindo do Triângulo Dourado (Camboja, Laos e Tailândia) passou a dividir a predileção da geração *hippie* órfã de Leary.

A década de 1980 testemunhou, por sua vez, o crescimento no consumo de cocaína fumável (base livre, *rock*, *crack*) e das metanfetaminas ilícitas, na esteira desta onda de abuso de estimulantes em maior ou menor escala, de acordo com as condições culturais socioeconômicas dos diferentes países.

As drogas de hoje, e as que serão sintetizadas em laboratórios clandestinos para consumo das gerações subsequentes, certamente deverão variar conforme a medida da engenhosidade de seus idealizadores e as estratégias de venda de seus produtores. Só não mudará a motivação de seus consumidores de escapar à realidade, superando as limitações de uma existência que não pode – como desejariam – ser "consertada".

Resta-nos dizer, na finalização deste capítulo, que as drogas psicoativas sempre fizeram parte da civilização e não há motivo para crer que isso irá mudar.

AS DROGAS DE HOJE... E DE SEMPRE

BARBITÚRICOS
Também conhecidos como calmantes e sedativos provocam alterações na capacidade de raciocínio, concentração e coordenação motora. Ingeridos em doses excessivas, afetam as funções do sistema respiratório, coração e pressão sanguínea, expondo o usuário até a um risco de coma.

ANSIOLÍTICOS
Medicamentos utilizados para diminuir a ansiedade, os chamados "tranquilizantes" induzem ao sono, relaxam os músculos e reduzem o estado de alerta. O consumo de benzodiazepínicos por período de tempo prolongado prejudica o processo de aprendizagem, a memória e a coordenação motora, gerando dependência ao usuário.

INALANTES
São muito comuns entre meninos em situação de rua do país. A famosa "cola de sapateiro" produz sensações de euforia e excitação, perturbações auditivas e visuais e até alucinações. A aspiração repetida dos solventes pode resultar na destruição de neurônios, pro-

vocando em seu usuário, perda de reflexos, dificuldade de concentração e déficit de memória.

ANFETAMINAS

O usuário frequente das famosas "bolinhas" sofre insônia, falta de apetite, excesso de energia e taquicardia. Como consequência do consumo excessivo, o indivíduo pode vir a apresentar quadros de paranoia (manias de perseguição), alucinações e inclusive convulsões.

LSD E ECSTASY

Chamadas de "perturbadores sintéticos" provocam distorções sérias no funcionamento cerebral. O usuário sente-se um super-homem, dotado de força extraordinária, incapaz de avaliar situações de perigo. Alterações perceptivas, fusão de sentidos, perda de discriminação de tempo e espaço são alguns dos sintomas observados no consumidor deste tipo de droga.

CRACK

É uma combinação de pó de cocaína com bicarbonato de sódio. Mais pura e potente que a cocaína leva dez segundos para fazer efeito. O usuário fica eufórico e excitado, com a respiração e os batimentos cardíacos acelerados. Passado o efeito de uma dose, ele apresenta depressão, delírios, paranoia e "fissura" por novas doses.

ÁLCOOL
É a substância psicoativa mais antiga da humanidade. Consumido em excesso provoca lesões no coração, vasos sanguíneos, aparelho digestivo e sistema nervoso, podendo resultar em câncer na boca, faringe, esôfago, laringe. Afeta a capacidade intelectual, prejudica a memória e destrói a vida social e afetiva do dependente.

FUMO
Dados da OMS indicam que o tabaco mata mais do que o álcool e as drogas ilegais. Estima-se que haja 1,1 bilhão de fumantes no mundo. Câncer de pulmão, bronquites crônicas, enfisema, impotência e graves afecções do sistema cardiovascular são alguns dos males causados pelo consumo de cigarro por longo período de tempo.

COCAÍNA
É uma das drogas ilegais mais consumidas em todo o mundo. O seu usuário apresenta, a princípio,

intensa sensação de euforia e poder com estados de excitação, hiperatividade, insônia e falta de apetite. Alucinações, delírios e perda da sensação de cansaço também constituem sintomas comuns. Em doses elevadas pode levar o usuário à parada cardíaca por fibrilação ventricular.

MACONHA

É conhecida como "droga de entrada" para o consumo de outras drogas. Barata e de fácil acesso, a maconha produz efeitos físicos (olhos vermelhos, boca seca e taquicardia) e psíquicos (calma e relaxamento para alguns, angústia e medo para outros) muito característicos. O seu uso continuado interfere tanto na capacidade de aprendizagem e memorização quanto na fertilidade.

HEROÍNA

Cresce o consumo dessa droga em todo o mundo. Produzida a partir de uma modificação química da morfina, derivada do ópio, provoca um estado de torpor e calmaria, em que se fundem fantasia e realidade. Pode causar depressão respiratória e cardíaca, levando o seu usuário ao estado de coma.

PARAFRASEANDO
A SÍNDROME DE POPEYE

"Ao consumir substâncias químicas psicoativas, o dependente busca ilusoriamente tentar escapar às suas limitações reais, gerando fantasias onipotentes. É o que chamo da 'Síndrome de Popeye'. A droga assemelha-se ao espinafre do célebre marinheiro do desenho animado – auxilia a negar as inevitáveis limitações impostas por um corpo biológico inexoravelmente condicionado às leis da natureza."

EDUARDO KALINA, psiquiatra argentino e diretor médico do Brain Center, em Buenos Aires. Autor, entre outros livros, de *Aos pais de adolescentes – viver sem drogas* e *Drogadição hoje – indivíduo, família e sociedade*.

PREVENIR É PREVER

"Drogas sempre existiram e vão continuar a existir na humanidade, a despeito do grande investimento que se faz para erradicá-las. Amanhã se corre o risco de ver, por exemplo, a heroína chegar ao Brasil. O que fazer? Deve-se pensar nisso agora. Há décadas, quando anunciei que a cocaína aportaria no Brasil, chamaram-me de louco. E quando afirmei que cresceria o uso das injetáveis, disseram que eu era iluminado. Nos dois casos, só fiz prever uma tendência observada em todo o mundo. Prevenir, como o próprio nome sugere, é prever, não impedir."

CLAUDE OLIEVENSTEIN (1933-2008), psiquiatra alemão, foi diretor do Centre Medical de Mamottan, em Paris.

AFETANDO O OUTRO

"No uso de drogas, a questão principal é definir-se até onde tal prática pode afetar os outros, bem como seus direitos. O usuário de drogas normalmente interfere na vida da família, de sua comunidade e da sociedade onde vive. Na família, os exemplos são tão óbvios que se torna desnecessário saliantá-los. Na comunidade e na sociedade, os exemplos também são fartos. Acidentes de trabalho, absenteísmo, perda da escolaridade e da produtividade, suicídios, homicídios e mortes por overdose são sobejamente conhecidos."

JOSÉ ELIAS MURAD (1924-2013), médico, farmacêutico e químico. Autor, entre outros livros, de *Drogas – o que é preciso saber*.

TUDO O QUE VOCÊ SEMPRE QUIS SABER...

As seis perguntas seguintes foram selecionadas entre milhares de dúvidas mais comuns de pais, parentes e amigos de dependentes de drogas.

1 – O que leva as pessoas a consumirem drogas?

Os motivos são normalmente psicológicos ou sociais. Indivíduos consomem drogas porque se sentem bem com os efeitos químicos imediatos que elas provocam no cérebro. Usam substâncias psicoativas porque elas os ajudam a fazer parte de um grupo social. Seja qual for a razão, uma coisa é certa: se o usuário tiver predisposição para a dependência química, seguramente seu organismo desenvolverá tolerância à droga, exigindo quantidade cada vez maior para alcançar o mesmo efeito. Eis uma explicação física para a compulsão: as células se adaptam aos níveis crescentes da droga, de tal forma que não conseguem funcionar normalmente sem a presença dela. Quanto mais a pessoa utiliza químicos para se sentir bem consigo mesma, menos aprende a lidar com os seus próprios sentimentos e a experimentar, sem artifícios, as diferentes situações impostas pela vida.

2 – Das drogas hoje conhecidas, quais as que produzem mais danos ao cérebro?

Todas as drogas resultam em algum tipo de prejuízo ao cérebro e, por consequência, ao organismo. Da nicotina do cigarro, aceita socialmente, ao terrível *crack*, qualquer substância psicoativa repercute negativamente na saúde do consumidor. O impacto, no entanto, varia conforme a vulnerabilidade do usuário e a intensidade do uso. Aqui cabe uma explicação: o cérebro é composto de milhões de células que se comunicam entre si e com o restante do corpo por meio de mensageiros químicos chamados neurotransmissores, responsáveis pela base química de sua personalidade, habilidades e capacidade de superar dificuldades físicas e psicológicas. A droga provoca diferentes tipos de desequilíbrio neste "balanço", gerando descargas e bloqueios prejudiciais ao cérebro. Isso explica as mudanças de comportamento – distintas para cada tipo de químico – observadas nos usuários.

3 – Quem consome droga uma vez, acaba se tornando um dependente dela?

Não necessariamente. É preciso haver uma predisposição bioquímica – originada em fatores não totalmente conhecidos da ciência – para instalação da doença compulsiva. A extensão das consequências do consumo de drogas depende, portanto, do tipo de químico usado, das circunstâncias em que é usado e do grau de predisposição do usuário. Estudos mostram que indivíduos possuem níveis diferenciados de suscetibilidade para a compulsão. A alguns basta pequena quantidade de químicos, durante curto período de tempo, para deflagrar a dependência. Outros necessitam consumir quantidades maiores, por período maior de tempo. Outros necessitam consumir quantidades maiores para desenvolver a doença. É importante frisar: todas as drogas alteradoras do estado de humor, usadas compulsivamente ou não, são agentes químicos que produzem mudanças importantes no funcionamento do cérebro.

4 – Todo dia ouve-se falar de uma nova droga. O que motiva químicos inteligentes a criarem substâncias que prejudicam as pessoas?

Obviamente que a droga consiste em negócio extraordinariamente lucrativo. Álcool e tabaco, para ficar em exemplos de drogas legais, representam duas das mais promissoras indústrias em todo o mundo. Já o mercado clandestino da droga ilegal sustenta cultivadores, fabricantes, traficantes e uma extensa rede de crime organizado espalhada pelo planeta. A "oferta", portanto se eleva em função da crescente "demanda". Mas vale corrigir um pouco o foco da questão: a droga sempre vai existir enquanto houver "clientela", drogas novas sempre serão produzidas enquanto os consumidores desejarem obter novos e diferenciados efeitos. O problema não está nas substâncias psicoativas. Mas nas pessoas que as utilizam.

5 – Drogas como o ópio e a maconha são produzidas por agricultores. Mas as drogas mais modernas nascem em laboratórios. Qual a primeira substância psicoativa sintetizada em laboratório?

Uma das primeiras drogas psicoativas sintetizadas em laboratório foi muito provavelmente a heroína ou di-acetilmorfina. Produzida no final do século passado para "finalidades terapêuticas", ela foi retirada do mercado por força de lei, após gerar milhares de dependentes. Aqui é preciso ressaltar, no entanto, que também existem drogas psicoativas legalizadas e utilizadas ainda hoje na medicina, como por exemplo, os barbitúricos (hipnóticos), os opiáceos (analgésicos) e as anfetaminas (estimulantes do sistema nervoso central). Consumidas em excesso, essas substâncias podem levar à dependência. Embora sejam recomendadas sob restrita prescrição médica, há indícios de que venham sendo comercializadas em farmácias, sem critério e à margem das normas dispositivas legais.

6 – É verdade que as drogas chamadas "recreativas", se consumidas eventualmente, não fazem mal à saúde?

Sob o rótulo de "recreativas" ou *"light"*, drogas como a maconha e os inalantes, foram consideradas inofensivas durante muitos anos. Estudos mais recentes, de fontes variadas, provam exatamente o contrário. Métodos de avaliação diagnóstica de última geração, como o mapeamento cerebral, mostram que a maconha provoca estragos de diferentes tipos e intensidades no cérebro de seus usuários. Todas as drogas psicoativas, consumidas adictivamente ou não, resultam em alterações físicas e psicológicas. Os riscos são reais e aumentam potencialmente o consumo regular de drogas.

AS DROGAS E SEUS EFEITOS

REFLEXÕES SOBRE VERDADES E MENTIRAS

AO ABORDAR O TEMA "as drogas e seus efeitos – verdades e mentiras", não podemos deixar de refletir sobre alguns aspectos importantes relacionados ao abuso e à dependência de substâncias psicoativas. É verdade que as drogas ilegais provocam estragos enormes em todo o mundo. Se gasta com elas mais do que se gasta com alimentação, educação, roupas e serviços médicos. Mas é também verdade que embora haja quem tente ignorar este fato ou divulgá-lo como mentira – as drogas legais também geram forte impacto na saúde pública mundial.

O II Levantamento Nacional de Álcool e Drogas (LENAD) – 2012 refere que o "debate nacional e internacional sobre as melhores políticas a serem adotadas para o controle das drogas ilícitas está polarizado. Por um lado os proponentes da legalização acham que basta uma única mudança legislativa para resolver esse problema complexo. Por outro lado ainda existem pessoas que defendem a solução repressiva, exclusivamente penal. A verdade é que nenhuma dessas duas abordagens é humana, efetiva ou se baseia nas melhores evidências científicas disponíveis. Uma abordagem ideal coloca ênfase na prevenção e no tratamento, enquanto ao mesmo tempo, defende que o sistema de justiça possa retirar os usuários de drogas não violentos que cometeram algum crime do sistema prisional para o sistema de tratamento. Precisamos o quanto antes mudar esse debate e assegurar uma política de drogas que seja bem balanceada, humana, com compaixão, e que seja baseada em evidências científicas sólidas".

Segundo dados atuais, o cigarro ainda é a substância que mais mata os brasileiros e o álcool por sua vez é a droga que mais gera violência familiar e urbana, e que contribui com cerca de 10% para toda a carga de doenças no Brasil.

O álcool é o terceiro maior causador de problemas

de saúde nos EUA, depois das doenças cardíacas e do câncer. De acordo com o relatório da Surgeon General, 125 mil pessoas morrem por ano devido ao uso de álcool naquele país. As causas das mortes variam de cirrose hepática a ataques cardíacos. As estatísticas apontam que cerca de 25 mil pessoas morrem em acidentes automobilísticos relacionados com o excesso de álcool.

Partindo da projeção da OMS de que 10% de qualquer segmento populacional sofrem diretamente da síndrome de dependência química, o Brasil deve provavelmente contar hoje com aproximadamente 20 milhões de dependentes químicos.

Se para cada dependente conta-se uma família com média de 4 pessoas (1 cônjuge + 3 filhos) tem-se, então, 80 milhões de pessoas seriamente doentes com problemas físicos, mentais, emocionais, e espirituais, comprometendo a saúde global do país. Somando-se dependentes e codependentes, alcança-se algo perto de 80 milhões de pessoas indiretamente afetadas – os codependentes.

Existe ainda uma droga que mata mais do que o álcool. É o fumo.

Citando o LENAD 2012 e a Organização Mundial de Saúde, o tabaco é um dos fatores mais determinantes da carga global de doenças no mundo.

"Metade da população dos homens e um décimo da população das mulheres, em torno de 30 milhões de pessoas, serão fumantes a cada ano e quando envelhecerem. Fumar tabaco é um comportamento que geralmente começa na adolescência e é ainda aceito socialmente em praticamente todas as culturas.

O uso crônico, assim como os efeitos do uso em indivíduos que não fumam, mas estão expostos à fumaça (o fumante passivo), determinam uma alta taxa de mortalidade, hoje calculada maior que a somatória de várias doenças e comportamentos de risco juntos, como por exemplo, a AIDS, a tuberculose e os acidentes no trânsito.

Por ano, morrem prematuramente cerca de 400.000 pessoas de câncer, doenças cardiovasculares, respiratórias, perinatais e decorrentes de incêndios causados pelo cigarro."

Em países industrializados, o tabagismo é a principal causa de morte prematura passível de prevenção. Estima-se que em 2020, 10 milhões de pessoas/ano perderão suas vidas em consequência do consumo de cigarros.

Com a divulgação das doenças causadas pelo tabaco, centenas de milhares de americanos deixaram de fumar. Em 15 anos, o consumo *per capita* caiu 9% nos EUA e 25% no Reino Unido.

A indústria do tabaco respondeu a esta retração de mercados tradicionais redirecionando os esforços de marketing, com campanhas publicitárias voltadas cada vez mais aos menos informados e também às mulheres, que representam segmento em expansão.

Pelo mesmo motivo, os países subdesenvolvidos passaram a ser vistos como um alvo atraente para campanhas de cigarro.

TABAGISMO É DEPENDÊNCIA QUÍMICA

Aceito durante séculos, o tabagismo é considerado por muitos como um hábito adulto livremente escolhido. Infelizmente, isto não é verdade. 90% dos fumantes sabem que o cigarro faz mal a saúde e gostariam de deixar de fumar. A maior parte dos fumantes já tentou parar e recaíram. Horas após o último, instala-se a síndrome de abstinência caracterizada por forte vontade de fumar, irritabilidade, ansiedade, dificuldade de concentração, impaciência, inquietação, humor depressivo e fome. Com a supressão da nicotina, a maioria dos sintomas diminui em poucos dias e passa em um mês. Mas a vontade de fumar e a apetência podem continuar por seis meses, na verdade, todos convivemos com pessoas que tentam, sem sucesso, abandonar o cigarro.

Tabagismo é um transtorno de comportamento catalogado no CID 10 (Classificação de Transtornos Mentais e de Comportamento). Atualmente não é possível abordar a prevenção em dependência química sem enfrentar honesta e objetivamente o problema do tabagismo em nosso país, assim como todos os problemas que envolvem a disseminação e o incentivo ao uso de drogas legais.

AS DROGAS E SEUS EFEITOS NOS MENSAGEIROS QUÍMICOS DO CÉREBRO

Este esclarecimento pretende descrever aos leitores, de forma simplificada e resumida, a influência das substâncias psicoativas no complicado processo da mente, classificando as drogas alteradoras do estado de humor segundo os seus efeitos no cérebro.

O cérebro é composto de milhares de células do corpo enviando e recebendo mensagens neuroquímicas. Estas células contêm aproximadamente 15 mensageiros chamados neurotransmissores, que são lançados milhares de vezes a cada segundo e depois voltam às células cerebrais das quais foram liberados. Nelas são usados novamente para levar outras mensagens.

Quando uma pessoa usa substância psicoativa, algo acontece no cérebro de forma que, alterado pela droga, passa a apresentar um funcionamento diferente do cérebro de uma pessoa que não usa.

OS NEUROTRANSMISSORES, FUNÇÕES E DISFUNÇÕES

Neurotransmissor	Função normal	Disfunção associada às drogas
Dopamina	Controla o humor e a energia	Causa depressão
Serotonina	Regula os cinco sentidos, o sono, a agressão e a fome	Causa depressão, sentidos prejudicados, oscilação emocional, alteração no sono e no apetite
Norepinefrina	Regula o coração, a respiração, a temperatura do corpo e a pressão sanguínea	Alucinações e sintomas clássicos da síndrome de abstinência
Acetilcolina	Controla a coordenação muscular, as células nervosas e a memória	Prejudica os reflexos e a memória
Epinefrina	Controla reação de fuga, sentimentos de segurança, fome e sede	Causa paranoia e alterações de humor
Gaba	Controla as convulsões e a depressão	Causa convulsões e depressão
Endorfinas e encefalinas	Alivia a dor, a ansiedade e o estresse	Causam dor, ansiedade e compulsão
Histamina	Regula as respostas alérgicas	Causa desordens alérgicas
Hormônios	Regula o crescimento e a reprodução	Causam crescimento anormal ou disfunção na reprodução
Glicínia, glutamato, aspartato	Controlam o metabolismo no cérebro	Desequilibram os químicos no cérebro
Neuropeptídeos	Atua no sistema imunológico	Provocam alterações imunológicas, reações de ansiedade e estresse
Substância P	Atua no estresse e na dor	Interfere no estresse e na dor

OS MENSAGEIROS QUÍMICOS

Um neurotransmissor importante no cérebro é a **dopamina**, que controla o nosso estado de humor, energia, e as sensações de prazer. A dopamina é afetada por todas as drogas que alteram o humor. Sempre que for liberada em grandes quantidades (como nos exercícios físicos no sexo), temos uma sensação prazerosa e recompensadora. Quando se impede o seu lançamento – ou quando existe pouca quantidade dela nas células cerebrais – sentimo-nos deprimidos e insatisfeitos.

A **serotonina** é um neurotransmissor responsável pelos cinco sentidos, (visão, audição, tato, paladar e olfato) sono, comportamento agressivo e fome. Mudanças no nível de serotonina afetam os cinco sentidos. Se estes níveis estiverem altos, ficamos sonolentos e calmos. Se diminuírem ou se a serotonina for bloqueada nas células cerebrais, podemos nos tornar agressivos e violentos. A depressão também pode ser resultado de uma quantidade inadequada do mensageiro.

A **norepinefrina** é responsável pelo funcionamento do coração, da temperatura do corpo e da pressão sanguínea. É possível que este neurotransmissor também atue nos estados de alucinação e na depressão. Já a **acetilcolina** governa a coordenação muscular, as células nervosas e a memória. E a **epinefrina,** por sua vez, controla a paranoia e a reação de fuga, alertando o corpo de que estamos em uma situação de emergência. Também auxilia na manutenção do nosso corpo indicando desejo de comer ou beber.

O **gaba** é um químico diretamente responsável pelo controle das convulsões. A quantidade errada pode causar a depressão. E as **endorfinas** e **encefalinas** são duas categorias de químicos, que nos ajudam a lidar com a dor, a ansiedade e o estresse. O restante dos quinze químicos controla outras funções, como o crescimento, as alergias, o sistema imunológico e os traços de personalidade.

O cérebro saudável apresenta um balanço afinado de todos os neuroquímicos.

ALTERANDO O CÉREBRO

Quando uma droga alteradora de humor atua no cérebro, o balanço neuroquímico desequilibra. Isso ocorre porque as drogas que alteram o humor interferem, causando a liberação ou o bloqueio dos neurotransmissores de modo anormal. O cérebro, da mesma forma que o resto do corpo, sempre procura restabelecer o equilíbrio natural ao sofrer algum tipo de agressão. Por este motivo, ajusta a alteração neuroquímica provocada pelas drogas quando estas são ingeridas com regularidade. Como um termostato que faz o calor de uma caldeira aumentar ou diminuir de acordo com a quantidade e calor em um recinto, o cérebro leva o nível de químicos produzidos pelo corpo a cair em resposta às drogas alteradoras de humor. Reduzindo a quantidade de neurotransmissores, passa então a requerer a substância psicoativa a fim de funcionar normalmente. É neste momento que a dependência insidiosamente se instala.

CLASSIFICAÇÃO DAS DROGAS PSICOATIVAS

A cada dia surgem dezenas de termos curiosos entre os usuários de substâncias psicoativas. Cada uma apresenta uma infinidade de denominações. Também curiosa é a síntese contínua de novas drogas com nomes químicos complicados como metilenodioxianfetamina ou alfa-metil-fentanil, dentre outras. De qualquer forma, as tentativas de classificar as drogas psicoativas com base em seus nomes de gíria ou termos químicos acabam sendo bastante desorientadoras. Segundo especialistas da área, o modo mais prático de classificar as drogas é fornecido pelos próprios usuários, que as distinguem segundo os seus efeitos globais. Os termos escolhidos para descrever as drogas mais consumidas são: estimulantes, depressores e drogas de ação mista.

AS DROGAS E SUAS CLASSIFICAÇÕES

Depressores	Estimulantes	Drogas de ação mista (alteram e depois deprimem)
Substâncias	Substâncias	Narcoanalgésicos
Álcool	Cocaína	Heroína
Barbitúricos	*Crack*	Morfina
Efeitos	Anfetaminas	**Alucinógenos**
Relaxantes dos músculos	Moderadores de apetite	Maconha
Antipsicóticos	Cafeína	LSD
Ansiolíticos	Nicotina	PCP (Pó de Anjo)
Soníferos	Antihistamínas	Cacto Peiote (mescalina)
Sedativos	Antidepressivos	Cogumelo (Psilocibina)
		MDA, MDMA (êxtase)
		Solventes Voláteis
		Tinta spray
		Cola

Uma droga é chamada de alteradora do estado de humor ou da mente porque modifica o estado de espírito, a consciência ou a personalidade do usuário.

Cada droga afeta determinada pessoa de maneira diferente, dependendo de sua constituição química, das outras drogas usadas e das características próprias da pessoa na hora em que a ingere ou administra. Por esta razão, os sentimentos ou as alterações causadas por uma droga variam de pessoa para pessoa.

Um indivíduo pode também sentir alterações diferentes com uma mesma droga em ocasiões diferentes.

Pesquisas recentes comprovam grande diferença na maneira com que os cérebros dependentes respondem às drogas ou ao álcool, em contraste com a reação de alguém que não é dependente. Geralmente os dependentes podem conseguir alterações qualitativamente melhores com as drogas, devido à maneira como reagem seus cérebros.

Como resultado destas alterações positivas, os dependentes desenvolvem um desejo poderoso de alterar o seu estado de humor. Esta meta torna-se o centro de suas vidas. Muitos dependentes pensam que é impossível divertir-se sem as drogas. Para eles, o divertimento é a mudança de humor, da percepção e do comportamento.

Observa-se que cada classe de drogas atrai um certo tipo de personalidade que encontra nela a mudança de humor desejada.

COMO FUNCIONAM AS DROGAS QUE ALTERAM O HUMOR

Somente certas pessoas se tornarão dependentes – provavelmente em decorrência de uma predisposição genética à dependência, ou de um forte desejo de alterar o estado de humor, ou ambos.

Os **estimulantes** geralmente aumentam a descarga de um neurotransmissor. Podem também bloquear o caminho de volta de um neurotransmissor após o seu lançamento.

Os **depressores** bloqueiam o lançamento do neurotransmissor, às vezes o destroem ou o substituem nos seus pontos receptores.

As **drogas de ação mista** agem de ambas as formas – primeiro como estimulantes e depois como depressoras. Os usuários de drogas poderão tentar obter o efeito de uma droga de ação mista tomando primeiro o estimulante e depois, para compensar, um depressor. Infelizmente, isto apenas modifica a sonolência ou vigilância. O corpo e o cérebro experimentam todos os efeitos do estimulante e, na sequência, todos os efeitos do depressor – geralmente um logo após o outro.

O QUE É NECESSÁRIO SABER SOBRE MEDICAÇÕES PRESCRITAS E NÃO PRESCRITAS

Alguns dependentes de drogas legais e ilegais procuram aumentar os seus efeitos tomando medicamentos, popularmente considerados inócuos, que podem ser comprados livremente nas farmácias, sem o receituário médico. Tais indivíduos podem consumir quantidades arriscadas destas drogas, quer usem a quantidade recomendada quer usem por conta própria. Procuram tais medicações para potencializar os efeitos de sua droga de escolha e obter as sensações esperadas.

Exemplos e medicamentos que contêm princípios ativos com potencial abusivo:

- Medicamento para tosse e gripe.
- Medicamentos para alergias.
- Moderadores de apetite.
- Soníferos e medicamentos expectorantes com alto teor alcoólico.

Muitas pessoas acreditam que não são dependentes do álcool ou de outras drogas porque não abusam de uma droga específica o tempo todo, ou porque conseguem parar de usá-la. Na realidade, simplesmente substituem a droga original por outras drogas. Embora mudem o seu padrão de uso, continuam dependentes da mesma forma.

TUDO O QUE VOCÊ SEMPRE QUIS SABER...

As perguntas a seguir refletem algumas das dúvidas mais comuns de pais, parentes e amigos de dependentes.

1 – Ouve-se muito falar em drogas fortes e leves. Na avaliação de leigos, as leves seriam drogas cujo consumo não provoca estragos significativos na vida dos usuários. As pesadas seriam aquelas que

podem levar o usuário até a morte. Como classificar as drogas em relação ao seu impacto no organismo?

A compreensão atual sobre a natureza da síndrome da dependência química, aliada à nova classificação para as drogas que provocam dependência são extremamente importantes à medida que derrubam o conceito antigo de drogas leves e drogas pesadas. Atualmente, reconhece-se que um indivíduo predisposto, ao consumir uma substância psicoativa, em ambiente favorável, tende a desenvolver a doença.

2 – Se o cigarro e o álcool são comprovadamente prejudiciais às pessoas, por que continuam a ser vendidos sem restrições?

A principal razão é econômica. As indústrias do álcool e do cigarro movimentam cifras bilionárias, contribuem enormemente para a arrecadação de impostos e para a geração de empregos. O consumo dessas substâncias vem sendo restringida em países desenvolvidos, devido ao maior reconhecimento público dos males que provocam.

A reação das indústrias nestes países é o redirecionamento de marketing para os países em desenvolvimento, sendo alvos principais as mulheres e os jovens. Temos visto o consumo crescer em países tradicionalmente sem cultura de uso de tabaco.

3 – Há casos de indivíduos que consomem cocaína, uma droga de alto poder gerador de dependência, e conseguem cessar o consumo sem ter chegado à dependência. Como explicar tal fato?

Pesquisas recentes informam que a cocaína é uma das drogas mais compulsivas que conhecemos. O "craving" ou fissura inicial é intensa, fornece imediatamente energia adrenal, confiança e euforia, estimulando instantaneamente o centro de recompensa e do prazer, portanto com forte poder de reforço ao uso, quer o indivíduo seja dependente ou não. A resposta provável a esta pergunta, no atual estágio do conhecimento na área, é que estas pessoas não possuem predisposição à dependência, ou seja, os seus organismos não estão pré-sensibilizados para a droga.

4 – De que forma posso saber se meu filho está consumindo drogas? Que sinais e mudanças podem ser observados?

Há alguns sinais gerais que podem indicar o uso de qualquer droga. Mas eles devem ser analisados obviamente dentro de um contexto mais amplo da vida do jovem e segundo a dinâmica e cultura próprias de sua família.

Alterações bruscas no comportamento comum, com queda no rendimento escolar ou profissional ou abandono destas atividades, geralmente acompanhado de inquietação e irritabilidade. Verifique se há ainda alterações visíveis no ciclo do sono, como muita sonolência ou insônia.

Falta de motivação para atividades do dia a dia, atitudes furtivas e impulsivas e humor depressivo também são indicadores potenciais. Uso de óculos escuros, mesmo sem excesso de luz, e de camisa de mangas longas, mesmo no calor; presença de comprimidos, embalagens de "xaropes", "colírios", canudos rígidos, isqueiros ou objetos estranhos ou incomuns no ambiente, e o desaparecimento de objetos de valor são atitudes que merecem o seu alerta. Mas atenção: diante de qualquer suspeita de consumo de drogas, o melhor a fazer é chamar o filho para uma conversa franca, ponderada e amiga. Ele certamente estará precisando de compreensão, apoio e ajuda.

5 – Normalmente quem consome drogas consideradas leves, como a maconha, acha caretas aqueles que a condenam. Dizem que o uso moderado da droga estimula a criatividade e libera a ousadia. Como convencê-los a parar com o consumo se só enxergam benefícios?

Na última década foram desenvolvidos estudos conclusivos sobre a maconha, comprovando as seríssimas consequências de seu abuso no organismo, principalmente no organismo em desenvolvimento do jovem. A maconha produz efeitos perversos no sistema nervoso central, nos pulmões, no coração e vasos sanguíneos e no sistema imunológico. Interfere na sexualidade e fertilidade, danificando irreversivelmente os mecanismos de reprodução humana, com prejuízos para a produção de espermatozoides. A droga, que já foi considerada recreativa, provoca alterações no peso e nas funções dos órgãos reprodutivos femininos, afetando a produção de hormônios que controlam o desenvolvimento fetal. O melhor modo de combater o mito da "inocuidade" da maconha entre os jovens é oferecer informações técnicas, atualizadas e principalmente, desprovidas de preconceitos e julgamento de valor. O mais recomendável é que se procure o apoio de profissionais especializados que possuem didática apropriada para alcançar e sensibilizar esta população.

Geralmente, a informação bem fundamentada recebe ótima aceitação por parte do jovem. Este conhecimento necessita também ser transmitido às pessoas que exercem influência sobre a opinião pública, para que possam se posicionar mais conscientemente sobre as políticas de liberalização do uso de drogas.

ÁLCOOL E TABACO - MITOS E REALIDADE

ÁLCOOL E TABACO: MITOS E VERDADES

ATUALMENTE EXISTE UMA PREOCUPAÇÃO generalizada com as chamadas drogas ilegais. É enorme e justificável o alarde em torno do tema. Mas não se pode deixar de olhar para uma realidade muito mais preocupante, que envolve duas substâncias, com potencial de dependência, de uso comum e socialmente aceito.

O álcool e o tabaco representam, hoje, um sério problema de saúde pública para a maioria dos países do mundo. Em entrevista publicada no livro *The Minnesota*

Model, Daniel J. Anderson, presidente emérito da Fundação Hazelden, e seu diretor por 25 anos, declara: "Só agora estamos começando a admitir que o álcool e o tabaco são as drogas mais devastadoras em termos de mortalidade, portanto, o grande problema de saúde pública atual."

Embora este não seja exatamente um conceito novo, ainda parece haver resistência quanto à aceitação dos reais problemas gerados pelo consumo de álcool e tabaco. Se quisermos, no entanto, elaborar uma política coerente de ações preventivas em nosso país, devemos necessariamente analisar, com cuidado e honestidade, as chamadas drogas lícitas e a demanda negativa de uso que produz devido a sua alta disponibilidade. Encarar os problemas ocasionados por essas drogas exigirá de todos – autoridades públicas, indústrias, profissionais de comunicação e especialistas em tratamento – desprendimento material, coragem para enfrentar desafios e zelo pela saúde das gerações futuras, atitudes fundamentais na orientação de decisões conscientes e responsáveis.

A MAGNITUDE DO PROBLEMA DE ÁLCOOL E TABACO NO MUNDO

Apesar de as estimativas apontarem que se gasta com drogas ilegais (algo próximo de US$ 500 bilhões) mais do que se gasta com alimentação, vestuário e serviços médicos, por ano, em todo o mundo, a situação das drogas de consumo legalizado é ainda mais grave.

O álcool mata mais do que todas as drogas ilegais juntas. Nos EUA, o álcool é o terceiro maior causador de problemas de saúde, depois de doenças cardíacas e do câncer. Segundo relatório da Surgeon General morre anualmente 125 mil pessoas devido o uso de álcool nos EUA. As causas de morte variam de cirrose hepática a ataques cardíacos. As estatísticas também mencionam 25 mil pessoas que morrem de acidentes automobilísticos relacionados com o excesso de álcool. Aponta ainda que metade dos assassinatos (sobretudo violência familiar) e todos os suicídios ocorrem em consequência de excesso de álcool.

Se a situação de mortalidade em decorrência do consumo de álcool é grave, a de tabaco apresenta-se ainda mais devastadora. Das substâncias psicoativas disponíveis, o tabaco é provavelmente o principal problema de saúde pública da atualidade. O elemento psicoativo do fumo, a nicotina, é uma substância que oferece grande risco de dependência imediata.

Nos EUA, 56 milhões de pessoas são dependentes de cigarros, 15 milhões são dependentes de álcool. Pesquisas epidemiológicas demonstram o desamparo e a realidade assustadora de que são alvos os países em desenvolvimento, por serem focos de manipulações ideológicas com fins econômicos. Na década de 1950, nos EUA, metade da população fumava. Com a identificação do problema, o governo investiu pesado em programas de prevenção em todo país. Esses programas educativos sobre os males causados pelo tabaco derrubaram os índices pela metade. Ainda assim, em 1985, o cigarro continuava sendo a principal causa de morte prematura passível de prevenção. Na época, cerca de 390 mil mortes foram atribuídas aos efeitos do cigarro, representando uma em cada 6 mortes ocorridas no ano. A indústria do tabaco respondeu à retração de seus mercados tradicionais, redirecionando os esforços de marketing para atingir especialmente pessoas com menor nível de instrução e as mulheres. Pelo mesmo motivo, o "terceiro mundo" passou a ser visto como alvo atraente pelas companhias de cigarro. Verdadeiras epidemias têm assolado países que até há pouco tempo praticamente não consumiam tabaco. Entre 1970 e 1985, as vendas de cigarros aumentaram 22% na Ásia e 42% na África em relação ao número de habitantes.

O ÁLCOOL

O consumo do álcool constitui, na maioria das civilizações, um hábito social que vem acompanhando o homem há milênios. É uma droga tolerada na maioria das culturas e provavelmente o psicoativo mais usado no mundo. Historicamente, tem sido utilizado amplamente para fins médicos, desde a esterilização de feridas à estimulação da sexualidade. A metabolização do álcool ocorre num ritmo definido e contínuo. Essa análise pode ser realizada utilizando-se, como base, o peso corporal, a quantidade de ingestão e o tempo decorrido do último gole. Com estes dados é possível identificar a quantidade de álcool que estará circulando pelo corpo e cérebro, e quanto tempo levará para ser metabolizado pelo fígado.

GENERALIDADES SOBRE O ÁLCOOL

Líquido de cheiro característico, inflamável, volátil (PE 78º C), o álcool produz efeito intoxicante quando consumido em maior quantidade. Tem propriedade de gerar euforia, bem-estar, sedação, intoxicação e inconsciência, dependendo da dose, maneira e circunstâncias em que é ingerido. Enquadra-se perfeitamente dentro do conceito de droga psicoativa, sendo quimicamente a mais simples delas. Entre as substâncias de abuso, difere por ser a única de uso não médico tomada apenas por via oral, não sendo injetada, aspirada ou fumada.

As bebidas alcoólicas possuem teores diferentes de álcool etílico ou etanol. Aquelas obtidas por fermentação têm teores mais baixos: de 5% na cerveja e 12% no vinho. Bebidas destiladas como uísque, gim, vodca e cachaça têm doses mais elevadas que variam de 40% a 50%. Em alguns países, já ocorre o consumo da cerveja tipo *light* (leve), de baixo teor alcoólico que geralmente não ultrapassa 2%, cujo correspondente nacional é a antiga e conhecida "cerveja preta".

Há outra característica "distinta" do álcool: é a única droga de abuso que, metabolizada, produz calorias. A sua oxidação resulta em dióxido de carbono (CO_2) e água, liberando cerca de 7 calorias por grama de álcool puro. Para se ter uma ideia das calorias liberadas, basta dizer que cerca de 300 ml de cerveja (pouco menos de ½ garrafa), 150 ml de vinho ou 50 ml de uísque ou cachaça são capazes de liberar cerca de 100 calorias. Isto quer dizer que o álcool pode ser considerado um alimento pobre, pois não possui proteínas nem vitaminas, trazendo assim, uma série de problemas nutricionais.

O efeito desinibidor do álcool está na sua ação sobre os centros superiores do córtex cerebral. Ele rompe o equilíbrio químico controlador do raciocínio e do julgamento. Age, então, sobre os centros inferiores do sistema límbico que condicionam o estado de ânimo e a emoção. A suspensão da inibição pode enganar, pois justamente com a aparente estimulação emocional, surge a depressão física. Quanto mais bebe, mais o usuário se sente livre, mais a pressão sanguínea baixa, os reflexos motores se lentificam, a digestão piora, o calor do corpo se dissipa e a excitação sexual diminui.

A MAGNITUDE DO PROBLEMA NO BRASIL

As estatísticas sobre alcoolismo nos países em desenvolvimento são precárias. Na América Latina, pesquisas sobre a prevalência do alcoolismo na população variam entre 3% e 23%. Como ponto de partida é possível realizar estimativa superficial só para efeito de reflexão, baseada em parâmetros oferecidos pela Organização Mundial da Saúde:

– Se aproximadamente 10% de qualquer segmento populacional sofre do alcoolismo, no Brasil hoje, podemos estimar uma população de aproximadamente (usando a estimativa mínima da OMS para álcool) 20 milhões de pessoas evoluindo dentro de uma das fases da instalação da Síndrome.

– Se para cada dependente contabilizarmos a família com média de 4 pessoas (1 cônjuge + 3 filhos) é possível chegar a 80 milhões de indivíduos doentes física, emocional e mentalmente, dentro do conceito de codependência, que é também uma espécie de síndrome que evolui devido ao relacionamento disfuncional com o dependente. Dessa forma pode-se entender o problema como uma espécie de "epidemia silenciosa" que compromete a saúde global do indivíduo, da família e sociedade de forma geral e produz enormes rombos na economia no Brasil. Existem muitos especialistas que se referem ao problema como uma "pandemia".

De acordo com o II Levantamento Nacional de Álcool e Drogas (LENAD) – 2012 (INPAD, UNIFESP, 2014), o crescimento econômico do Brasil nos últimos 10 anos foi o maior da história. Demonstra que a maior renda *per capita* está relacionada com aumento de consumo de álcool, o que torna o país um mercado promissor para a indústria do álcool. O primeiro levantamento nacional de álcool (I LENAD) realizado em 2006 aponta que metade dos brasileiros não eram consumidores de álcool. Constatou também que os índices de uso nocivo e da síndrome de dependência aumentou entre os bebedores demonstrando que houve importantes mudanças no padrão do uso de álcool para maior, e portanto aumento significativo da morbidade e mortalidade entre a população impactando nos danos sociofamiliares.

PADRÃO DO "BEBER EM *BINGE*"

Outro dado importante na atualidade é o consumo considerado do beber em *binge* cujo padrão é considerado beber 5 doses ou mais, no caso de homens, e 4 doses ou mais, no caso de mulheres, em uma mesma ocasião num intervalo de até 2 horas. Diferente do que ocorria no passado, sabe-se que este padrão de uso aumentou tanto entre homens quanto entre mulheres adultas.

Houve aumento do padrão de beber em *binge* entre adolescentes de forma geral e surgiram diferenças significativas no comportamento das meninas em relação à idade de início de consumo. Entre as meninas cresceu significativamente o consumo regular entre 14 a 17 anos.

AS DOSAGENS ALCOÓLICAS

O álcool é a mais antiga droga psicoativa conhecida pela humanidade. A concentração de álcool em cada tipo de bebida depende do grau de fermentação, do tipo de fruta ou vegetal utilizado, da percentagem de aditivos e do processo de destilação.

Bebidas	Concentração de álcool
Vinhos	
Vinho tinto, branco, roré (rosé), champanhe	12º
Xerez	20º
Vermute	18º
Coolers de vinho	06º
Cervejas	
Clara ou preta	06º
Malte ou stout	08º
Cerveja light	06º
Licores e uísques	
Bourbon, uísque, scotch, vodca, rum, gim	43º
Tequila, conhaque, drambui	40º
Amaretto, kahlua	28º
Aguardante	50º

A PREVALÊNCIA DO ALCOOLISMO NA POPULAÇÃO MUNDIAL

Nem todas as pessoas que consomem álcool ficarão dependentes dele. Para fins de compreensão da prevalência estatística de dependência de álcool, consideremos este exemplo segundo projeção da OMS:
– Se oferecermos a 100 indivíduos aparentemente normais bebidas alcoólicas à vontade, aproximadamente 10% desenvolverá o alcoolismo. Dos outros 90 alguns passarão a beber de forma problemática e os outros deverão permanecer como meros bebedores sociais. Portanto o uso de bebidas alcoólicas só chega a transformar em dependentes do álcool cerca de 10% dos usuários.

O mesmo não acontece com outras drogas. Com narcóticos do tipo heroína, por exemplo, provavelmente quase todos os 100 indivíduos acabariam se tornando dependentes.

O TABACO

Seu uso remonta há 2.000 anos, quando há registros de consumo em rituais religiosos pelas populações indígenas do novo mundo. Muitos países europeus o baniram nos séculos 16 e 17 e a China em 1630, por causar intoxicação. Ainda é considerado nocivo por muitas religiões.

O tabaco é uma droga psicoativa. Os cigarros provocam mais mortes do que todas as outras drogas psicoativas combinadas. Todos os anos, nos EUA, 320.000 óbitos têm sido atribuídos diretamente à nicotina, contra apenas 7 mil mortes causadas pela heroína. O ingrediente ativo do tabaco, a nicotina, rompe o equilíbrio neurotransmissor, estimulando algumas substâncias químicas, interrompendo a transmissão de outras e aumentando a atividade elétrica no cérebro de forma muito idêntica, embora não tão intensa, à das anfetaminas.

Também comprime os vasos sanguíneos, eleva o ritmo cardíaco e a pressão arterial, diminui o apetite, aumenta a atenção, amortece parcialmente os sentidos do gosto e do olfato e prejudica os pulmões.

A tolerância aos efeitos da nicotina desenvolve-se com rapidez, comparada à de outras drogas. Algumas horas de fumo bastam para que a tolerância rapidamente comece a se instalar. Para se proteger, o corpo se adapta à tarefa de administrar as toxinas, fazendo que a pessoa passe a depender do fumo para permanecer "normal". O fumante quer a estimulação e a química alterada do corpo, para beneficiar-se dos efeitos prazerosos da alteração positiva no seu estado de humor.

A privação do cigarro, depois de uso prolongado, provoca dores de cabeça, irritabilidade, incapacidade de concentração, nervosismo e distúrbios do sono.

A dependência não é somente emocional, mas também física. Pesquisas recentes revelam que a nicotina age não só por meio de neurotransmissores como adrenalina, mas também em outro semelhante ao opiáceo – a endorfina. O tabaco é uma das substâncias psicoativas que mais causa dependência.

O desejo intenso de nicotina dura a vida inteira mesmo após a sua suspensão.

Com relação ao cigarro, a triste realidade nacional não é diferente daquela citada acima, em que nos tornamos alvo da voracidade das multinacionais produtoras de tabaco.

TUDO O QUE VOCÊ SEMPRE QUIS SABER...

As quatro perguntas a seguir refletem algumas das dúvidas mais comuns de pais, parentes e amigos de portadores da síndrome da dependência química.

1 – Existem afirmações que a maconha faz menos mal que o álcool e o tabaco. Isto é verdade?

> O conhecimento atual dentro do campo da dependência química indica que as substâncias psicoativas produzem consequências danosas para seus usuários. Naturalmente que o grau de prejuízo varia de acordo com o padrão de uso (quantidade de ingestão), a periodicidade e a vulnerabilidade pessoal. Os

indivíduos que se apresentam mais vulneráveis ou com predisposição maior para desenvolver a dependência devem abster-se de toda e qualquer substância alteradora do estado do humor, pois o organismo predisposto, em contato com o químico, desencadeará a dependência. Portanto toda e qualquer substância psicoativa pode levar à evolução da síndrome da dependência química independente da substância utilizada.

2 – Em que momento o consumidor habitual de bebidas alcoólicas pode ser considerado dependente de álcool?

Considera-se que um indivíduo tenha desenvolvido a dependência quando perde o controle do consumo, ou seja, quando planeja determinado padrão de uso e não mais consegue mantê-lo, excedendo-se na periodicidade e na quantidade do álcool ingerido. Associado a isso, observa-se que a maneira com que bebe passa a causar-lhe problemas nas várias áreas de sua vida, começando com os relacionamentos pessoais mais próximos e também os profissionais.

3 – Se o cigarro causa dependência, por que algumas pessoas, quando querem, conseguem parar de consumi-lo?

Provavelmente a maior parte dos fumantes pode interromper o consumo por períodos curtos ou longos. O que se observa na prática, e a literatura médica comprova, é que a grande maioria volta a fumar, apesar do propósito de parar. Esta é uma evidência do potencial de dependência do tabaco. Exatamente como na recuperação de outras drogas, no tabagismo, o dependente precisa estar atento para identificar os possíveis "gatilhos" que o levam inconscientemente à recaída.

4 – O que os pais devem fazer para começar a prevenção ao alcoolismo e tabagismo dentro de casa?

Diz um velho e sábio ditado que o exemplo não é a melhor forma de ensinar. É a única. O primeiro passo para realizar a prevenção efetiva do alcoolismo e de outros transtornos em casa é, sem dúvida nenhuma, o exemplo pessoal dos pais, ou dos substitutos que representem as figuras de autoridade. O posicionamento e a coerência em relação a valores pessoais básicos, disciplina de cada membro, equilíbrio entre autoridade e afeto e as habilidades de comunicação familiar, fortalecerão características pessoais positivas nos filhos, colaborando para a imunização contra o uso das drogas.

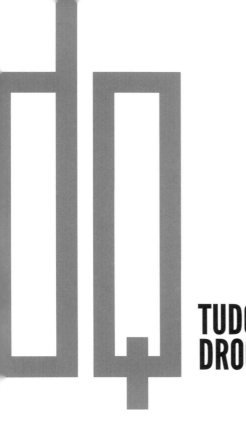

TUDO SOBRE AS DROGAS

CONFIANTES NA CRENÇA DE que a informação correta é a melhor forma de prevenir e minimizar os problemas ocasionados pela dependência química torna-se importante, na sequência deste livro, destacar algumas informações atualizadas sobre três substâncias psicoativas muito utilizadas no mundo moderno: a maconha, as anfetaminas e a cocaína.

Nossa intenção é que este texto possa orientar as pessoas a fazer escolhas inteligentes, munidas do conhecimento atual dentro deste campo.

Vale lembrar que este trabalho possui como fonte

de referência, entre outros, os trabalhos elaborados pelo médico norte-americano Brent Q. Hafen, conhecido internacionalmente pelo seu trabalho no campo da educação sobre drogas e álcool, morto em 02 de novembro de 2001.

Doutor Hafen foi professor de Ciências da Saúde na Universidade de Brigham Young em Provo, Utah.

Também merece ser lembrado como referência importante, o relatório da OMS (Organização Mundial da Saúde), sobre a maconha e os seus efeitos. Em 1993 a OMS convocou os melhores especialistas do mundo, incumbindo-os de, nos cinco anos seguintes, examinarem o resultado de centenas de pesquisas envolvendo o estudo da cannabis. As conclusões desta equipe foram reunidas em um documento de 49 páginas, publicado sob o título de *Cannabis, uma perspectiva de saúde e agenda de pesquisa*. Pouco se sabia a respeito deste documento até que a revista semanal inglesa *NewScientist*, destacou, na capa, uma manchete explosiva na qual acusava a OMS de ter suprimido do documento, por motivos políticos, um capítulo mostrando que a maconha seria menos prejudicial do que o álcool e o tabaco.

A OMS admitiu a supressão do capítulo, declarando que o texto fora excluído por prudência, pois os estudos nos quais se apoiava não eram conclusivos. A situação acabou confundindo a opinião pública. Provavelmente muitas pessoas foram induzidas a achar que a maconha não é uma droga tão perigosa. Mas ela faz mal, sim, e cria sérios riscos para a saúde.

Interessados em obter informações sobre o assunto podem acessar o relatório da OMS, na internet, pelo site www.superinteressante.com.br.

A MACONHA – THC (TETRAHIDROCANABINOL)

Recebe no Brasil o nome de maconha, e em outros países ou culturas pode ter nomes diferentes como: hashish, bang, gana, diamba, marijuana, marihuana dentre outros. Em consequência do abuso e dos danos provocados foi praticamente proibida em todo mundo ocidental. Atualmente é reconhecida nos meios médicos para pelo menos duas condições clínicas: reduz ou abole as náuseas e vômitos produzidos por medicamentos anticâncer e tem efeito benéfico em alguns casos de epilepsia. É importante citar que a maconha ou as substâncias extraídas da planta têm também efeitos indesejáveis que podem prejudicar a pessoa.

O THC é a substância psicoativa produzida pela planta. A quantidade pode variar de acordo com o solo, clima, estação do ano, época da colheita dentre outros fatores. A alteração de humor produzida pela substância varia de um indivíduo para outro, de forma que determinada dose insuficiente para determinada pessoa pode produzir efeitos e consequências diferentes em outra.

EFEITOS E CONSEQUÊNCIAS

Para facilitar o entendimento dividiremos os efeitos que a substância produz em **físicos** (ação sobre o corpo), e **psíquicos** (ação sobre a mente) que sofrerão mudanças de acordo com o tempo de uso. Dentro desta classificação simples, podemos considerar que os efeitos agudos ocorrem algumas horas após o uso, e os crônicos surgem em decorrência do uso continuado após semanas, meses e até anos.

EFEITOS FÍSICOS AGUDOS: Olhos avermelhados, boca seca, e taquicardia.

EFEITOS PSÍQUICOS AGUDOS: Dependem da qualidade da maconha e sensibilidade de quem fuma. Para alguns os efeitos são de bem-estar acompanhado de calma e relaxamento. Sensação de desvanecimento, fadiga e vontade de rir. Para outras pessoas a sensação é de desconforto. Angústia, confusão, sensação de perda do controle, tremores e sudorese são alguns deles.

Frequentemente ocorre a perturbação na capacidade de calcular o tempo e o espaço quando em uso da maconha. A pessoa erra grosseiramente na discriminação do tempo ao avaliar o transcorrer de horas em poucos minutos ou a percepção de que um túnel de 10 tenha 50 ou 100 metros. Sobre a memória afetam aquela conhecida como memória de curto prazo, onde a pessoa sob efeito pode esquecer o que comeu instantes atrás, ou o que conversou com alguém há algumas horas. Esse tipo de efeito inviabiliza a pessoa em algumas atividades que dependem de atenção devido aos riscos eminentes, como dirigir veículos ou operar máquinas potencialmente perigosas.

Com o aumento da dose e dependendo da sensibilidade da pessoa, os efeitos psíquicos agudos podem chegar a alterações mais evidentes e evoluírem para delírios e alucinações. É considerado delírio uma manifestação mental pela qual a pessoa faz um juízo errado do que vê ou ouve. Por exemplo, ouvir uma sirene de ambulância e interpretar que é a polícia que vem prendê-la. Ou duas pessoas conversando e interpretar como um planejamento de atentado contra ela. Já a alucinação é uma percepção sem o objeto. A pessoa pode ouvir a sirene da polícia ou ver duas pessoas conversando quando não existe a sirene e nem as pessoas. Em qualquer dos casos esta mania de perseguição pode levar ao pânico e atitudes perigosas

EFEITOS FÍSICOS CRÔNICOS: O pulmão fica seriamente afetado pela fumaça, que, sendo muito irritante leva a moléstias respiratórias agravadas por possuir uma substância chamada "benzopireno", conhecido agente cancerígeno. Outro efeito físico adverso da maconha refere-se à testosterona. Este hormônio masculino é responsável dentre outras funções pela fabricação de espermatozoides pelos testículos. Já existem evidências de que a maconha diminui em até 50-60%

a quantidade de testosterona que pode levar à infertilidade. Este é um efeito que tende a desaparecer quando a pessoa abandona o uso da maconha.

EFEITOS PSÍQUICOS CRÔNICOS: O uso continuado da maconha interfere com a capacidade de aprendizagem e memorização e pode induzir um estado de falta de motivação para a vida, isto é, não sentir prazer em atividades da vida cotidiana. Tudo fica sem graça e perde a importância. Esse efeito crônico da maconha é chamado de síndrome amotivacional.

O uso continuado de maconha pode levar algumas pessoas a um estado típico de escravidão mental e comportamental, isto é, organizam suas vidas de maneira a facilitar o uso de maconha, sendo que tudo o mais perde o seu real valor.

Em termos de saúde mental, já existe comprovação científica de que, se a pessoa tem uma doença psíquica qualquer que ainda não esteja instalada ou que já se instalou, e, estando compensado com medicação, o uso de maconha neutraliza o efeito, passando o indivíduo a apresentar novamente os sintomas da doença, particularmente se o diagnóstico for de esquizofrenia.

A COCAÍNA – PASTA DE COCA, *CRACK*, MERLA

Sigmund Freud, o fundador da psicanálise, elogiou as possibilidades da cocaína como estimulante afrodisíaco e anestésico local. Também a classificou como droga eficaz no tratamento de desordens digestivas, doenças desgastantes (como a tuberculose e o câncer) asma, dependência de álcool e morfina. Freud a administrou a um colega, dr. Ernest Von Fleisch-Maxow como "cura" para sua dependência de morfina. Infelizmente, Fleisch desenvolveu dependência à cocaína, e Freud foi acusado de haver deflagrado "um dos grandes flagelos da humanidade". O médico americano, William Haslted, que descobriu a utilidade da cocaína como anestésico local, foi outro apoiador inicial entusiástico. Ele também se tornou dependente da droga. Nas últimas duas décadas do século 19, medicamentos patenteados contendo cocaína inundaram o mercado. Desde tônicos, unguentos, supositórios, pastilhas expectorantes até vinho com cocaína. Provavelmente o mais bem-sucedido foi um vinho com cocaína chamado Vin Mariani, desenvolvido por Angelo Mariani. Esta bebida tornou-se tão popular que Mariani foi agraciado com uma medalha de ouro e citado como benfeitor da humanidade pelo papa Leão XIII, também usuário frequente desta bebida. O segredo do sucesso de Mariani foi o endosso de celebridades. Entre os que endossaram o Vin Mariani, em reconhecimento público, estavam o inventor Thomas Edison, a atriz Sarah Bernhardt, o teatrólogo Henrik Ibsen, os compositores Charles Gounod e John Philip Souza, o escultor Auguste Rhodin, os romancistas H.G. Wells, Jules Verne, e Emile Zola e nada menos que 8.000 médicos, três papas, e 16 chefes de estado. Fama internacional também foi alcançada pela Coca-Cola, refrigerante que originalmente continha cocaína. Ao redor de 1903, o fabricante removeu a droga da fórmula. Na virada do século 20, cresciam as evidências de que a cocaína trazia efeitos adversos, incluindo a possibilidade de dependência e morte.

Cocaína é uma substância natural extraída das folhas de uma planta que brota na América do Sul: *Erythroxylon coca*, também conhecida como coca ou epadú. Pode chegar ao consumidor sob forma de sal, o cloridrato de cocaína, ou sob forma de uma base, o *crack* que é pouco solúvel em água, mas que se volatiliza quando aquecida e, portanto pode ser fumada em cachimbos. Outra forma de base é a merla, que também pode ser fumada. O *crack* ganhou popularidade em São Paulo, já a merla em Brasília. Existe ainda a pasta de cola que é um produto grosseiro, obtido das primeiras fases de separação da cocaína das folhas da planta quando estas são tratadas com ácido sulfúrico. Esta pasta contém muitas impurezas tóxicas e é fumada em cigarros chamados "basukas ou basukos".

CONSIDERAÇÕES SOBRE USO, ABUSO E DEPENDÊNCIA

Usuários de cocaína relatam que aumentam a dose para sentir os efeitos eufóricos iniciais do uso da substância ou para potencializá-los. Atualmente nos meios técnicos e científicos considera-se que a cocaína induz à tolerância sendo que o fenômeno pode ser observado em todas as vias de administração. Na medida em que o consumo e a tolerância aumentam o usuário pode ficar à mercê de grande "fissura" (desejo incontrolável de usar).

EFEITOS NO CÉREBRO

Assim que o *crack* e a merla são fumados alcançam o pulmão que é um órgão intensamente vascularizado levando a uma absorção instantânea. Caindo na circulação chega rapidamente ao cérebro. Em 10 ou 15 segundos os primeiros efeitos ocorrem. Com o pó inalado os efeitos surgem após 10 a 15 minutos e com injeção após 3 a 5 minutos. Esse é o poder da droga do ponto de vista do usuário, já que o prazer advém quase instantaneamente.

A curta euforia e a progressividade do condicionamento fazem com que o usuário desenvolva a compulsão de usar repetida e progressivamente, já que a "fissura" é avassaladora e os efeitos da droga são muito rápidos e intensos.

Além deste prazer indescritível, ainda provoca o estado de excitação, hiperatividade, insônia, perda da sensação de cansaço, e falta de apetite. Na medica em que a síndrome progride em menos de um mês pode ocorrer perda de peso de até 10 kg e progressivamente perde as noções básicas de higiene e assume aspecto deplorável. Com o uso intenso e repetitivo o doente experimenta intenso cansaço e depressão.

EFEITOS PSICOLÓGICOS FAMILIARES E SOCIAIS

Inicialmente causa alegria, euforia, surto de energia, melhora da capacidade mental, excitação e estímulo sexual. Por algum tempo – e somente por algum tempo – algumas pessoas usarão cocaína de forma recreativa, porque pensam que as ajudará a trabalhar melhor e sentirem-se mais confiantes. Contudo, os efeitos positivos e de pouca duração rapidamente serão substituídos pelos efeitos psicológicos adversos. Um dos mais comuns é a depressão crônica que se segue à euforia inicial. Muitos outros foram observados. Pesquisadores descobriram que o uso da cocaína tanto pode causar como agravar os seguintes sintomas: – Acidentes de vários tipos, problemas ocupacionais, ansiedade, irritabilidade, violência, apatia, preguiça e letargia, comportamento compulsivo, problemas de concentração, confusão, problemas de memória, tremores (associados tanto com o uso quanto com o afastamento da droga).

O uso crônico através de altas doses pode produzir desinteresse nos relacionamentos com a família e com os amigos, extrema agitação, crises de pânico, negligência pessoal, desconfiança de amigos, familiares, cônjuges e colegas de trabalho, estado psicótico semelhante à esquizofrenia paranoide, com delírios e alucinações.

OUTROS EFEITOS SOBRE O CORPO

Alteração da visão (midríase), dor no peito, contrações musculares, convulsões e coma.

Sobre o sistema cardiovascular os efeitos são ainda mais intensos. A pressão arterial pode elevar-se e o coração bater muito mais rapidamente – a chamada taquicardia.

Em casos extremos chega a produzir uma parada cardíaca por fibrilação ventricular. A morte também pode ocorrer devido à diminuição de atividade dos centros cerebrais que controlam a respiração.

O uso crônico da cocaína pode levar a uma degeneração irreversível do músculo esquelético chamado rabdomiólise.

COCAÍNA E AIDS

No Brasil, a cocaína é a droga mais utilizada pelos usuários de drogas injetáveis (UDI). Muitas destas pessoas compartilham agulhas e seringas e se expõem ao contágio de várias doenças, entre elas as hepatites, a malária, a dengue e a aids. Esta prática é hoje um dos importantes fatores de risco para a transmissão do HIV.

ANFETAMINAS

As anfetaminas pertencem a um grupo de drogas classificado como "estimulantes". Como sugere o termo, "estimulantes", trata-se de substância que altera a mente do usuário e excita o sistema nervoso central.

Vamos abordar aqui especialmente a de consumo mais comum, chamada metanfetamina, que vem sendo usada e abusada desde 1930, tendo sido redescoberta na década de 1970, por uma nova geração de usuários, abusadores e pessoas que evoluíram para a síndrome da dependência química.

A benzedrina, a anfetamina original, foi sintetizada na Alemanha em 1887.

De 1932 até 1946, os farmacêuticos relacionavam nada menos que 39 usos para anfetaminas, inclusive tratamento de esquizofrenia, vários tipos de adicção às drogas, bloqueio coronário, paralisia cerebral infantil, doenças da radiação, hipotensão, indisposição durante viagens e soluço persistente.

Receitas médicas impróprias e uso ilícito tornaram--se uma consequência quase imediata pela simples razão de que as pessoas queriam soluções rápidas, fáceis e sem complicação para resolver os seus problemas. Como na época grande parte dos profissionais da saúde acreditava nas propriedades milagrosas atribuídas às anfetaminas, mostraram-se muito dispostos a oferecer às pessoas que queriam, sobretudo se o que queriam era perder peso tomando anfetaminas.

A Segunda Guerra Mundial também contribuiu para a eclosão da primeira epidemia de abuso de anfetaminas. Grandes quantidades da droga foram colocadas no mercado japonês do pós-guerra. Campanhas publicitárias promoveram vigorosamente as drogas como sendo necessárias para ajudar as pessoas a lidar com os problemas causados pelas mudanças sociais, culturais e industriais no período pós-guerra.

Apesar dos efeitos adversos, o uso ilícito recreativo de anfetaminas tem sido popular em muitas partes do mundo, especialmente no Japão e na Suécia, onde constituem problema sério de saúde pública.

No Brasil estas substâncias foram proibidas do mercado farmacêutico há aproximadamente 20 anos. Nem por isso deixaram de circular.

A dependência de anfetaminas pode iniciar-se através das receitas médicas com finalidades diversas, ou ainda através das associações com barbitúricos e tranquilizantes para tratar a excitação e a irritabilidade.

Esta situação tem sido mais observada entre a população feminina em nosso país, possivelmente por razões estéticas e culturais.

DE QUE MODO AGEM AS ANFETAMINAS NO SNC

Impedem que os neurotransmissores voltem aos axônios e interferem com os efeitos psicológicos de uma classe de neurotransmissor chamada catecolamina (que inclui a dopamina e a norepinefrina). Impedem a decomposição química de catecolaminas dentro do neurônio. Como resultado o corpo fica em estado de excitação, pronto para reagir a uma emergência, mesmo que não exista tal situação.

OS EFEITOS DAS ANFETAMINAS

Aumento da frequência da respiração, falta de apetite, perda de peso corporal, desnutrição, deficiências vitamínicas, dilatamento da pupila, perturbação da visão, dores de cabeça, boca seca, aumento da temperatura corpórea, desordens gastrointestinais, arritmia cardíaca, hipertensão, reações de ansiedade, psicose anfetamínica, síndrome de exaustão, depressão e alucinações.

O abuso de anfetaminas pode causar sérios danos à mente e ao corpo. Porém, se forem hábil e cuidadosamente receitadas, poderão apresentar utilidade terapêutica.

TUDO O QUE VOCÊ SEMPRE QUIS SABER...

As cinco perguntas a seguir foram selecionadas entre milhares e refletem algumas das dúvidas mais comuns de pais, parentes e amigos de pessoas que sofrem com os problemas relacionados com uso, abuso e portadores da síndrome da dependência química.

1 – É verdade que a maconha faz menos mal que o álcool e cigarro. O que devo dizer ao meu filho?

Substâncias psicoativas como o tabaco, álcool e a maconha, entre outras, provocam alterações na mente e no corpo, sejam elas usadas de forma dependente ou não. Se a pessoa possuir predisposição para desenvolver a doença, a manutenção do uso de qualquer uma delas desencadeará a dependência.

Quanto à segunda questão, pais e filhos precisam compreender que juventude é um período importante do desenvolvimento humano. Uma das tarefas básicas envolve assumir o controle de suas vidas. As drogas levam à perda de controle. Esta é uma mensagem poderosa que deve ser transmitida aos nossos filhos não só com palavras, mas através do nosso próprio posicionamento perante a vida, tendo em conta que a melhor forma de orientar os filhos é o próprio exemplo dos pais.

2 – Maconha gera dependência?

As pessoas usam maconha pelas mesmas razões que utilizam outras substâncias psicoativas, ou seja, para alcançar os efeitos euforizantes proporcionados pela droga. Assim como outros psicoativos, a maconha produz a tolerância orgânica, levando a pessoa a aumentar a quantidade e a qualidade do químico para conseguir estes efeitos eufóricos, muitas vezes realizando cruzamento com várias drogas. Uma vez instalada a dependência, progressivamente passarão a usar, partindo da dor emocional, não mais alcançando a alteração almejada. Portanto, além de gerar dependência abre as portas para o uso, abuso e dependência cruzada, ou seja, outras substâncias.

3 – Cafeína provoca dependência? Por quê?

Provavelmente o estimulante mais amplamente conhecido e usado no ocidente seja a cafeína, um composto sem cheiro, porém amargo que se encontra nas plantas de café, chá, noz de cola e cacau.

A cafeína pode ser encontrada em muitas marcas de refrigerantes e analgésicos, e em moderadores de apetite. A cafeína é uma substância psicoativa incluída na categoria daquelas substâncias possíveis de desencadear a dependência.

4 – Quais os medicamentos anfetamínicos mais usados hoje em dia?

No Brasil as anfetaminas foram proibidas no mercado farmacêutico há aproximadamente 20 anos. Apesar disto, encontra-se disseminado em nosso meio o uso destas substâncias.

A dependência de anfetaminas pode iniciar-se através de receitas médicas com a finalidade de combater a obesidade, ou ainda através das associações com barbitúricos e tranquilizantes para tratar a excitação e a irritabilidade. Esta situação tem sido mais observada entre a população feminina, possivelmente por razões estéticas e culturais. Observa-se, também, a dependência entre mulheres jovens que iniciam o seu tratamento com 1 ou 2 comprimidos e que depois de algum tempo, apesar de já estarem com o peso ideal, continuam a usar a medicação só que agora em 8 ou mais doses diárias, devido ao efeito estimulante da droga e/ou devido à instalação da dependência.

5 – O que significa overdose de cocaína?

Pouco separa a quantidade de cocaína necessária para produzir euforia e a quantidade que causa a morte. Sem se dar conta, o usuário pode absorver cocaína suficiente para resultar em overdose. A overdose resulta em sensação de morte ou morte de fato, conhecida entre os dependentes como o "bode da cocaína". As consequências exatas do uso da cocaína não podem ser previstas para qualquer usuário e não há maneira segura de usar esta droga. Ao chegar ao consumidor, a droga raramente é pura, sendo quase sempre misturada a outras substâncias para aumentar o lucro dos traficantes. Sabe-se, também, que o dependente associa a cocaína com outras drogas como o álcool e tranquilizantes para contrapor efeitos excessivamente estimulantes da cocaína. A overdose geralmente ocorre na fase inicial de toxidade (ataques, hipertensão e taquicardia) ou na fase posterior de depressão, culminando em extrema depressão respiratória e coma.

RECUPERAR É POSSÍVEL

UM POUCO DE HISTÓRIA SOBRE O TRATAMENTO EM DEPENDÊNCIA QUÍMICA

POSSIVELMENTE OS PRIMEIROS REGISTROS sobre compreensão da dependência química e as primeiras iniciativas formais de tratamento tenham surgido nos EUA, com o dr. Benjamim Rush, em 1784. Rush foi um dos precursores na defesa do conceito da dependência química como doença, lançando, quase sozinho, o Movimento de Temperança na América, que começou a partir da publicação de um folheto intitulado *Uma averiguação dos efeitos de bebidas alcoólicas na mente e no corpo humano*. Segundo o especialista, o tipo de bebida utilizado pelo indivíduo determinava o seu temperamento, afetando-lhe a conduta moral. Defendia que quantidades moderadas de bebidas alcoólicas poderiam promover a saúde. Condenava o uso de bebidas destiladas. Foi o primeiro escritor americano a declarar a embriaguez crônica como doença, e seu trabalho na época foi considerado notavelmente moderno.

Entre o final do século 19 e início do século 20 os americanos apostaram suas esperanças de sobriedade na "Cura Keeley", também conhecida como a "Cura D'Ouro", que anunciava a cura do alcoolismo e da dependência de outras drogas. Tal procedimento foi tão popular que até 1900, existia pelo menos uma instituição Keeley em cada estado americano. A composição do famoso medicamento até hoje ninguém sabe. Alguns especulam que se tratava de uma mistura de sal de ouro e compostos vegetais. Com sua morte, a credibilidade sobre a eficácia do tratamento sofreu forte questionamento, em parte, pelos relatos de que pacientes tratados por esse método estavam recaindo em grande escala. Atualmente, as proposições de Keeley parecem estranhas e, muitos ficam perplexos que alguém tenha levado a sério suas ideias, contudo, dada a ignorância extensa sobre alcoolismo e dependência química na época, podemos compreender que as pessoas procuravam uma solução rápida para a grave moléstia.

Nesta época, qualquer um que quisesse tratar alcoólatras em ambiente médico, tinha que combater a opinião aceita de que os "bêbados" eram pessoas imorais e que optaram por vidas de depravação. Mesmo assim, houve sinais de progresso. Em 1870, o dr. Joseph Turner fez um apelo nacional pelo desenvolvimento do tratamento médico para alcoólatras, sugerindo que cada estado organizasse um "Asilo para ébrios". Ainda naquela década, outro grupo – a Associação Americana para Estudo da Embriaguez – defendeu posição semelhante, estabelecendo como objetivos conduzir pesquisas sobre a dependência ao álcool e a outras drogas e promover o tratamento das dependências como uma especialidade médica.

Em 1920 foi decretada a "Lei Seca" nos Estados Unidos, determinando a proibição do uso de álcool naquele país, que perduraria por 20 anos. Segundo historiadores, esta foi a época em que mais se bebeu naquele país.

Um dos principais impulsos para o desenvolvimento do tratamento da dependência química foi Alcoólicos Anônimos, fundado informalmente no ano de 1935, por Bill W. e dr. Bob. Nesse período prevalecia, em todo o mundo, o conceito de alcoolismo como fraqueza moral.

Através de uma iniciativa corajosa e iluminada, esses dois pioneiros do tratamento do alcoolismo repetiram a ideia de Rush: "Que os alcoólatras simplesmente não poderiam controlar seu beber somente pela força de vontade."

O dia 10 de julho de 1935 é reconhecido como início oficial dos Alcoólicos Anônimos. Em 1939, o programa do novo grupo tomou forma definitiva com a publicação de "O grande livro", aqui no Brasil conhecido como "O livro azul". Na década de 1940, ao procurarem tratamento, os portadores da síndrome do alcoolismo tinham duas alternativas: confinamento na ala fechada de um hospital psiquiátrico, compartilhando tratamento com doentes mentais ou prisão e encarceramento. Naquele período, os "leitos para ébrios" em hospitais forneciam pouco ou nenhum tratamento. Alcoólicos Anônimos estavam apenas começando, e as associações médicas e psiquiátricas o haviam publicamente declarado inútil. De lá para cá, tem-se verificado grande avanço na compreensão e no tratamento da síndrome da dependência química e existem formas de tratamento eficazes para lidar-se com esta complexa doença.

No Brasil, a situação de tratamento repetiu um pouco da história verificada em outros países. A irmandade de Alcoólicos Anônimos foi fundada aqui em 1945. Mas o seu desenvolvimento só viria a ocorrer após 1965, com a tradução da literatura básica de A.A., realizada através do esforço dentre outros o de Donald Lazo, americano radicado no Brasil e membro da irmandade juntamente com um comitê de membros que conseguiram a autorização da AAWS (Alcoholics Anonymous World Services, Inc.), órgão responsável pela literatura oficial de Alcoólicos Anônimos. Vale conferir um pouco deste movimento no Brasil através do site: www.existeumasolucao.com.br/sala-de-leitura/arquivos/akron.pdf

Por volta de 1970, registraram-se as primeiras iniciativas organizadas para tratamento de alcoolismo no Brasil. Atualmente, observa-se entre profissionais especializados brasileiros um nível de competência semelhante aos melhores da área, em âmbito internacional. Isso não quer dizer, no entanto, que estejamos dando conta de atender a grande demanda de dependentes e codependentes em nosso país.

RECUPERAR É POSSÍVEL – UMA NOVA FORMA DE ATENDIMENTO EM DEPENDÊNCIA QUÍMICA

As pessoas portadoras da dependência química não seguem padrões homogêneos – cada indivíduo tem suas próprias necessidades e seus problemas. É preciso, portanto, flexibilidade e crítica para adaptar o tratamento às necessidades individuais específicas.

Nem todas as pessoas que experimentam substâncias psicoativas (SPA) precisam de tratamento. As que necessitam, normalmente são aquelas que apresentam predisposição ao desenvolvimento da doença e que, apesar das consequências negativas do consumo regular, não conseguem abandonar espontaneamente o uso, pouco importando a via de administração da droga – inalação, injeção ou fumo.

A negação da doença e a rejeição à ajuda, provavelmente, sejam os maiores empecilhos ao tratamento. Isto significa que o dependente não consegue reconhecer os danos causados pelo abuso ou pela instalação da síndrome da dependência química em sua vida, considerando, portanto, não necessitar de tratamento. A primeira providência para ajudá-lo a identificar os danos causados, é banir os processos de facilitação, deixando-o assumir a responsabilidade e as consequências pelo abuso da substância. É preciso que as pessoas que convivem com o dependente sejam orientadas quanto a este procedimento. Detalharemos melhor esta situação em capítulo posterior.

INTERVENÇÃO – O MOMENTO DA REALIDADE

Objetivo básico da intervenção é levar a pessoa a superar a negação da doença e aceitar ajuda. Apesar de a negação ser seguramente a maior barreira à ajuda, existe a convicção de que, mesmo no auge da doença, o dependente possa aceitar a realidade desde que a mesma lhe seja apresentada de forma clara e objetiva. Nesse sentido, alguns passos são fundamentais: Pessoas influentes e emocionalmente compensadas e que tenham ascensão moral devem relatar ao doente, fatos específicos, e consequentemente, situações negativas, geradas a partir do abuso do químico. O tom da informação nunca deve ser de julgamento. Os dados apresentados devem estar sempre focados no comportamento do dependente na vigência do uso e deve expressar preocupação autêntica de apoio. Convém selecionar antecipadamente alternativas para tratamento, deixando que o dependente escolha o serviço (clínica, hospital, ou outros) que lhe parecer melhor. Este procedimento costuma ser mais eficiente quando acompanhado por profissionais especializados.

COMPONENTES BÁSICOS PARA UM TRATAMENTO EFICAZ

Um programa de recuperação estruturado cria um ambiente que oferece condições ao dependente e à sua família de educarem-se sobre a dependência e apropriarem-se de "ferramentas" para a recuperação. O programa de tratamento estruturado favorece a recuperação do ponto de vista físico, com nutrição correta e aprendizado de técnicas para a redução do estresse. Possibilita uma autoavaliação sobre a natureza e a severidade das estruturas da dependência e da codependência, levando o dependente a reconhecer a síndrome e os problemas de vida resultantes da sua progressão, e a começar a resolver estes problemas. Importante esclarecer que um programa de recuperação estruturado é temporário. Sua duração vai variar de acordo com o grau de severidade da dependência, do quadro clínico, dos problemas psicossociais dentre outros agravos. O objetivo é motivar o doente a desenvolver aptidões que o capacite a viver tão confortável quanto possível com o apoio inicial de um programa de recuperação. O sucesso na recuperação dependerá de diagnóstico bem estruturado, elaboração de um programa terapêutico personalizado, focado inicialmente na estabilização da síndrome de abstinência aguda, ou seja, na compensação clínica para posteriormente reavaliá-lo a partir das necessidades específicas do doente e seu entorno sociofamiliar, sempre com foco na recuperação global.

A experiência acumulada em tratamento indica a necessidade de uma estrutura externa, que, inicialmente, leve alívio ao dependente pela organização oferecida, focalizando o problema das substâncias psicoativas de forma direta, e estabelecendo regras e normas de convivência com limites bem delineados. Convém lembrar que as linhas mestras e as diretrizes do programa necessitam ser implantadas de modo justo e coerente. A falha em determinar os limites adequados para o dependente é uma forma perigosa de facilitação, que "apoia", em vez de "desencorajar" o consumo de substâncias psicoativas. Por outro lado, limites muito rígidos e irracionais, resultantes de desapontamentos e frustrações particulares de terapeutas, podem causar danos ao invés de ajudar.

É fundamental chegar-se a um equilíbrio entre firmeza e flexibilidade. Embora os melhores resultados sejam alcançados em programas terapêuticos estruturados para grupos, é natural que muitos dependentes se beneficiem mais de abordagem individual. Somente terapeutas treinados e especializados no campo da dependência química terão condições de ajudar de forma competente o doente. Terapeuta com pouca experiência, e sem capacitação em tratamento, não deveria dispor-se a ajudar dependentes. Na fase aguda da doença, todas as tentativas visando uma psicoterapia voltada à análise interior devem ser evitadas, em favor de uma orientação que reforce a disposição em conseguir e manter a abstinência de todas as substâncias químicas que alteram o humor desde que estejam afastados diagnósticos que requeiram manejo apropriado como comorbidade clínica e/ou psiquiátrica, ou outros agravos.

O TRATAMENTO POR ETAPAS

Descreveremos a seguir o processo de recuperação, utilizando o "Modelo de Recuperação Evolutivo", que prevê o cumprimento de tarefas progressivas que cursam sistematicamente do simples para o complexo dentro das áreas prioritárias da vida da pessoa. Resumiremos aqui as cinco etapas de forma a facilitar o entendimento da psicodinâmica do processo:

Intervir e estabilizar a crise – O objetivo é recuperar o controle dos processos do pensamento (voltar a pensar claramente), emocionais (identificar e reconhecer sentimentos), do juízo (exercer julgamento) e do comportamento. Além disso, é necessário estabilizar a crise motivacional que levou a pessoa a buscar o tratamento. Envolve o equacionamento dos problemas físicos e psicossociais que ameaçam a recuperação inicial, e ainda, realizar a administração apropriada da síndrome de abstinência aguda.

Na **etapa inicial da recuperação** está previsto a substituição de um estilo de vida dependente por um programa de recuperação estruturado. Significa compreender e aceitar que se está à mercê da síndrome da dependência química e aprender a "funcionar normalmente" sem as substâncias psicoativas. (sempre que afastado quadros de comorbidades clínicas e/ou psiquiátricas e/ou outros agravos previamente).

Na etapa de **recuperação intermediária**, a pessoa deve ser ajudada a "desfocalizar" a vida da dependência original e dos comportamentos compulsivos substitutos. O objetivo principal é a mudança no estilo de vida. Nesta etapa da recuperação, a meta é desenvolver gradualmente uma maneira equilibrada de viver, centrada na sobriedade.

Aqueles dependentes que alcançaram a etapa **final da recuperação** tendem a enfrentar problemas específicos que estão diretamente ligados à sua história de vida pessoal. Os que possuem antecedentes benignos em sua vida pregressa, tendem a evoluir de forma mais estável, e a superá-la com sucesso. Outros, com histórias de vida mais difíceis, comumente estacionam no meio do processo, necessitando de ajuda profissional para avançar. As metas principais envolvem o desenvolvimento da autoestima, das relações íntimas saudáveis e o crescimento espiritual.

SÍNDROME DE ABSTINÊNCIA TARDIA

Quando se pensa em dependência química, é comum associarmos os problemas baseados no uso. Porém, o que realmente dificulta o processo de recuperação são os sintomas observados na sobriedade.

A síndrome de abstinência demorada ocorre devido a uma disfunção do sistema nervoso central, provocada pelas drogas associada ao estresse gerado pelo processo de recuperação. Em seu livro *Staying Sober* (*Permanecer sóbrio*), o pesquisador Terence Gorski, especializado no campo de recaídas em dependência química, declara: "A recuperação é como subir uma escada rolante que está descendo". Isto significa que, uma vez desencadeado o processo de recuperação, o dependente não deve ficar estacionado. A paralisação dos esforços da recuperação leva ao desencadeamento de aproximadamente 49 sinais e sintomas (segundo T. Gorski) que surgem na sobriedade, e se apresentam progressivos. A recaída, portanto, ocorre muito antes de o dependente usar a sua droga de escolha. Surge insidiosa e inconscientemente na forma de sinais de abstinência tardia.

OUTRAS CONSIDERAÇÕES

DIAGNÓSTICO DUPLO, MÚLTIPLOS E OUTROS AGRAVOS

Proporção crescente de pessoas em tratamento da síndrome da dependência química apresenta uma condição conhecida no momento como duplo diagnóstico ou comorbidade. É uma condição onde a pessoa com abuso, ou já diagnosticada com síndrome de dependência química apresenta paralelamente um transtorno psiquiátrico. Esta condição dificulta tanto a hipótese diagnóstica inicial como a elaboração de um programa de tratamento apropriado, pois requerem técnicas e manejo terapêutico específicos. A dificuldade de tratar esta condição resulta em interações inadequadas e por vezes perigosas. Estes pacientes e suas famílias são muitas vezes, arrastados sem destino por um labirinto de encaminhamentos sem que haja a orientação apropriada para a situação.

Estima-se que haja no Brasil aproximadamente 20 milhões de pessoas sofrendo diretamente da síndrome da dependência química. Desta projeção, 10 a 30% podem apresentar problemas psiquiátricos adicionais, e outros 20 a 35% transtorno de personalidade. Estes dados são bem mais elevados do que os apresentados em décadas anteriores. Uma possível explicação para o crescimento do diagnóstico dual e múltiplo, talvez ocorra devido ao aumento de pessoas com distúrbios psiquiátricos que buscam nas substâncias psicoativas uma forma de "medicar" os sofridos sintomas, ou talvez devido ao maior registro de casos de duplo diagnóstico realizados atualmente. Qualquer que seja a justificativa a esta questão, as estratégias de tratamento devem ser orientadas por profissionais especializados e capacitados tanto no manejo dos transtornos mentais quanto no da síndrome da dependência química.

Os programas organizados para tratamento de dependência de SPA, muitas vezes carecem, resistem ou não possuem condições financeiras para desenvolver a necessária qualificação de atendimento especializado em transtornos mentais, tão necessários ao diagnóstico e tratamento às pessoas portadoras de diagnósticos múltiplos. Carência de recursos financeiros, profissionais ou de qualquer outra natureza impede a expansão destes serviços voltados para esta clientela. Observa-se uma tendência de estabelecer critérios excludentes para admissão em muitos programas de tratamento. Mesmo programas qualificados, às vezes apresentam dificuldade em realizar diagnósticos diferenciais e desenvolver a articulação terapêutica para atender a estes quadros sintomáticos de maior complexidade.

INTERNAÇÃO E TRATAMENTO AMBULATORIAL

Apesar das vantagens do tratamento ambulatorial, alguns dependentes terão necessidade de tratamento com internação. Existem certas vantagens na internação que não podem ser oferecidas por um programa ambulatorial – principalmente quando o dependente está descontrolado, debilitado, ou sofrendo de complicações clínicas, emocionais ou sociais sérias. Um dos benefícios evidentes da internação, é que ela interrompe o uso regular, tirando o dependente de um ambiente destrutivo. A internação torna-se imperativa, principalmente quando o uso é seguido por comportamento perigoso ou autodestrutivo como, por exemplo, tentativas de suicídio, violência, ou outros tipos de manifestações que possam trazer consequências trágicas à vida. Em tais situações, além de tudo, a internação oferece lugar seguro para o início do tratamento. Deve-se também recorrer à internação sempre que o tratamento ambulatorial falhar.

O PROGRAMA DE RECUPERAÇÃO ESPIRITUAL

A recuperação em dependência química é difícil sem o que a Irmandade de Anônimos chama de "programa espiritual". Os princípios de Anônimos ensinam que dependentes são impotentes perante sua condição e não podem controlar suas vidas até que aceitem a ajuda de um poder superior a eles mesmos.

PROBLEMAS CLÍNICOS RELACIONADOS À DEPENDÊNCIA QUÍMICA

São inúmeras as complicações médicas em potencial

resultantes do uso de substâncias psicoativas. Apesar disto, boa parte dos dependentes que procuram tratamento apresenta condições favoráveis de recuperação.

INTERVENÇÃO CLÍNICA NA DEPENDÊNCIA QUÍMICA

De forma bastante simplificada, a intervenção clínica no tratamento da dependência química envolve basicamente os episódios de intoxicação, síndrome de abstinência e as complicações decorrentes do uso de substâncias psicoativas.

INTOXICAÇÕES

As intoxicações, como regra geral, levam ao rebaixamento do nível de consciência, podendo gerar crises convulsivas, com desorientação no tempo e no espaço, até quadros de coma.

SÍNDROME DE ABSTINÊNCIA AGUDA

Uma vez que o organismo adaptou-se aos altos níveis de substâncias psicoativas para poder funcionar, a redução, voluntária ou programada destas substâncias pode levar a um quadro clínico extremamente desconfortável e doloroso para o dependente. As principais características da síndrome de abstinência aguda apresentam-se na forma de febre alta, taquicardia, dificuldades respiratórias, aumento da pressão arterial, associado à ansiedade, insônia, tremores e agitação.

DELIRIUM TREMENS

Dependentes que apresentam quadro de *delirium tremens* necessitam de assistência intensiva, de preferência em hospitais gerais, pois problemas clínicos como distúrbios hidroeletrolíticos, pneumonia, enfarte do miocárdio, meningite, embolia e pancreatite frequentemente se associam. Nestes quadros, a taxa de mortalidade varia de 2 a 5%, geralmente por falência cardiorrespiratória.

TUDO O QUE VOCÊ SEMPRE QUIS SABER...

As perguntas a seguir refletem algumas dúvidas mais comuns de pais, parentes e amigos de pessoas portadoras da síndrome da dependência química.

1 – A internação é sempre necessária para usuários de drogas e dependentes químicos?

Há casos de pessoas que se recuperam sem precisar de internação em clínicas ou instituições.

A internação deve ser recomendada para aqueles casos nos quais a síndrome já se encontra instalada. Os sintomas principais aparecem sob a forma de perda de controle de todas as áreas da vida do dependente. Um número grande de pessoas recupera-se em todo o mundo utilizando o programa de 12 passos da irmandade de Anônimos. Uma parcela menor se recupera por meio de outros recursos como, por exemplo, os religiosos. E um número absolutamente insignificante de recuperação é atribuído à remissão espontânea, que nem justifica ser considerado para efeito estatístico.

2 – Quanto tempo dura um tratamento? Que atividades terapêuticas são desenvolvidas durante o processo?

Dependerá do grau de comprometimento do dependente e da forma como é organizado o tratamento. Geralmente o tempo de internação varia de acordo com a gravidade do comprometimento físico, emocional, mental e social, com um segmento de aproximadamente dois anos de reforço. Durante este período é aconselhado focalizar a motivação para que o dependente prossiga engajado em um programa de recuperação através de grupos e irmandade de anônimos ou de algum outro programa tecnicamente adequado. Se houver a possibilidade da abstinência voluntária no início do tratamento, geralmente orienta-se para tratamento ambulatorial, considerando-se algumas variáveis como "continência familiar" (participação da família), idade do dependente e história de vida pregressa, dentre outras. As atividades terapêuticas devem ser desenvolvidas por equipes interdisciplinares. Visam ensinar a pessoa a administrar o seu próprio processo de recuperação. Geralmente, o processo inicia-se com avaliação e intervenção médica durante a etapa de desintoxicação física. Prossegue com educação sobre dependência química, codependência e síndrome de abstinência tardia, por meio de processos psicopedagógicos. Simultaneamente, opera-se uma intervenção no sistema de negação, com o auxílio de técnicas comportamentais e cognitivas que ajudam o dependente a reconhecer as consequências danosas provocadas pelo uso de substâncias psicoativas. Recursos eficientes podem ser associados ensinando técnicas de relaxamento, meditação e programação neurolinguística que auxiliem o dependente a administrar o estresse produzido pelo processo de recuperação. Em etapas mais adiantadas da recuperação, pode-se recomendar atenção na esfera de autoconhecimento, aplicando recursos psicoterápicos e abordagens diversas, sempre conduzidas por profissionais especializados em dependência química. Para pacientes com histórias passadas de abuso, violência ou outros traumas significativos, é indicado psicoterapia individual concomitante.

3 – O que se pode fazer para convencer um parente, com a vida já prejudicada pelo consumo de drogas, a procurar ajuda especializada? Há como superar a sua resistência?

A primeira providência é a conscientização das pessoas que convivem com o dependente para que não mais facilitem o seu uso, deixando-o assumir responsabilidades, não fazendo as coisas por ele e responsabilizando-se pelos danos devido ao uso de químicos. A segunda providência é educar-se sobre a doença obtendo a maior quantidade possível de informações a respeito dessa complexa síndrome. Todas as informações iniciais, assim como ajuda efetiva, podem ser encontradas gratuitamente nos grupos de Anônimos para familiares e amigos de dependentes, conhecidos como Alanon, Naranon ou grupos de Amor Exigente. Se estes recursos, a curto e médio prazo, não forem suficientes, pode-se recorrer à ajuda profissional especializada.

4 – É possível internar um dependente químico, em crise, contra sua vontade?

O ideal é que haja uma preparação tanto dos familiares quanto do dependente para o momento da internação. Existem, porém, situações de risco tanto para o dependente quanto para terceiros, nas quais se faz necessária uma intervenção urgente. A experiência prática demonstra que, mesmo nas situações de internação compulsória, o índice de recuperação é bastante satisfatório, desde que o dependente seja submetido a um programa de recuperação especializado.

5 – Meu filho é alcoólatra e, apesar de já ter se submetido a tratamento especializado três vezes, ainda não conseguiu se recuperar de sua dependência. Por que isso acontece? Ele conseguirá se recuperar?

A recuperação é um processo delicado e demorado, sendo o principal obstáculo a vulnerabilidade às recaídas. O processo de recaídas não necessariamente ocorre com o uso da substância psicoativa. Desenvolve-se muito antes e pode ser identificado – e detectado previamente – por meio de um conjunto de sinais e sintomas baseados na sobriedade. A síndrome de abstinência tardia, infelizmente, é um fenômeno ainda pouco conhecido em nosso país, mas já totalmente esclarecido e protocolado em centros de tratamento internacionais com tradição no tratamento de dependência química. A recaída ocorre porque não são detectados e tratados estes sintomas prévios, ficando o dependente estacionado em um processo de recuperação parcial, caracterizado pela qualidade de vida precária e pelo risco de desenvolver compulsões substitutas, aumento do nível de estresse e retorno ao uso do químico de sua preferência. Existem pessoas que apresentam predisposição maior do que outras a recaídas. Estas necessitam submeter-se a um programa intensivo de prevenção a recaídas, que as ajudem a detectar e administrar a situação antes que ela ocorra de fato.

ESPIRITUALIDADE E DEPENDÊNCIA QUÍMICA

QUANDO SE LIDA COM saúde ou recuperação da saúde, o cuidado ao ser humano necessita ser integral. Implica considerar as diferentes dimensões que o compõe. Dentre elas, das menos consideradas e das mais importantes são as relacionadas à espiritualidade, sobretudo, naqueles que se encontram vítimas de doenças crônicas.

Nos profissionais da área da saúde a abordagem espiritual gera desconforto que se deve, em parte, à hegemonia do modelo de saúde predominante: "o modelo médico", que privilegia a abordagem na "doença e o esquartejamento" do indivíduo dividindo-o em órgãos, aparelhos e sistemas, em detrimento de uma abordagem integral em suas múltiplas dimensões biopsicossocioespiritual. A formação da maioria dos profissionais de saúde obedece a mesma lógica para atender o modelo vigente.

Abordar espiritualidade envolve focalizar a dimensão individual essencial e a transcendente dimensão espiritual que é inerente ao ser humano.

EXPERIÊNCIAS ESPIRITUAIS NO TRATAMENTO DA DEPENDÊNCIA QUÍMICA

Por razões não muito claras, os seres humanos sempre sentiram necessidade persistente de produzir mudanças no seu mundo interno utilizando substâncias psicoativas. O álcool, em particular, está ligado a experiências cotidianas devido aos seus muitos usos cerimoniais. Beber tem sido parte indispensável da vida social, religiosa e política há milhares de anos.

Os registros históricos demonstram que em épocas passadas as pessoas bebiam muito. Hoje poderíamos chamá-los de bebedores pesados ou bebedores problemáticos. Era o curso natural das coisas. Bebidas destiladas eram muito apreciadas e usadas como remuneração a trabalho prestado.

No ano de 1640, por exemplo, os fundadores da

cidade de Boston, nos EUA, votaram para banir esta prática. O resultado foi uma greve imediata que acabou com a nova lei. O costume nesta época era beber com frequência em grande quantidade. As crianças consumiam álcool durante refeições em família, principalmente cerveja e cidra fermentada. Era comum servir álcool aos trabalhadores em projetos comunitários, inclusive na construção de igrejas e roças de terrenos, pois o consumo do álcool servia para aliviar a fadiga ou a dor do trabalho. Casamentos, batismos e dias de festas eram regados a bebidas, assim como as ordenações de clérigos e até funerais.

Apesar de a bebida alcoólica fluir livremente no meio social, encontramos apenas relatos isolados de bebedores problema. Algumas explicações sugerem que, apesar dos colonos gostarem de álcool, odiavam a embriaguez pública. Pessoas encontradas embriagadas eram recolhidas à cadeia, recebiam multas pesadas e eram até chicoteadas. Os ideais de família e comunidade eram consagrados. Essas sanções sociais ajudavam a controlar o comportamento dos bebedores. Com o passar do tempo e com a expansão, as comunidades se tornaram mais dispersas e difíceis de governar. As ligações à família e comunidade afrouxaram e a bebida alcoólica fluiu livremente.

No século 19, ainda nos EUA, surgem as posições do dr. Joseph Turner e de um grupo conhecido como Associação Americana para o Estudo da Embriaguez, incentivando o desenvolvimento de tratamento como uma especialidade médica e de pesquisas sobre a dependência do álcool e outras drogas.

Esta foi provavelmente a primeira associação a reconhecer a importância da espiritualidade na recuperação do alcoolismo.

AMBIVALÊNCIA COM RELAÇÃO AO ÁLCOOL E OUTRAS DROGAS

Em janeiro de 1920, devido a pressões políticas geradas pelos "Movimentos de Temperança", foi proibida a venda e o consumo de álcool nos EUA, este movimento ficou conhecido mundialmente como a "Lei Seca". Neste período, os Estados Americanos ratificaram a 18ª Emenda à Constituição e a "Proibição" se tornou a política oficial da nação. A proibição, durou até o ano de 1933 quando foi extinta. Declaram os entendidos que foi o período que mais se consumiu álcool naquele país.

Na obra *A revolução da abordagem multidisciplinar à recuperação da adicção,* Jerry Spicer, à época presidente da Fundação Hazelden, revela que o colapso da proibição ao uso de álcool nos Estados Unidos, introduziu a era que ainda persiste na atualidade. É reconhecida como "a idade da ambivalência", que afetou todo o mundo e também o Brasil.

Uma das consequências desta atitude confusa foi

que, os americanos ignoraram a necessidade do tratamento de alcoólatras por 20 anos. Os bebedores crônicos eram geralmente presos e encarcerados, com pouca possibilidade de receber atenção em saúde. Outros foram tratados como pacientes portadores de transtornos mentais de base.

Esta ambivalência deixa questões cruciais sem resposta: O que é um comportamento de beber aceitável? O que devemos ensinar aos nossos filhos sobre o uso de álcool e outras drogas? Como a sociedade deve tratar pessoas que se tornam alcoólatras ou dependentes?

Até o momento não existe consenso internacional coerente e amplamente aceito a estas perguntas. Sofremos as consequências dessa ambivalência até os dias atuais.

ESPIRITUALIDADE E A CONTRIBUIÇÃO DE ALCOÓLICOS ANÔNIMOS

Alcoólicos Anônimos foi fundado informalmente em 1935, e repetiu a ideia do dr. Rush de que alcoólatras não poderiam, sozinhos, controlar seu beber pela simples "força de vontade". Bill Wilson, conhecido como Bill W., cofundador de A.A., desesperado nas tentativas frustradas de se manter abstinente, se envolveu com um grupo religioso denominado Grupo Oxford, que procurava reativar o "espírito do cristianismo" do primeiro século.

Bill W., impressionado pelos princípios que recomendava fazer inventário moral e reparações às pessoas prejudicadas por ações danosas, considerou as metas do grupo importantes para seu novo ideal, mesmo com o posterior rompimento com o Grupo Oxford, devido a seus princípios muito rígidos. Acreditava ele serem os alcoólatras perfeccionistas por natureza, extremamente rígidos, com a estrutura de pensamento inflexíveis, como "tudo ou nada". Reconhecia por experiência própria, os perigos de "ir longe demais com tal perfeccionismo". Apesar destas considerações, o programa Oxford exerceu grande influência sobre Bill, e vários de seus princípios foram incluídos nos Doze Passos de A.A.

Apesar de continuar bebendo e frequentando o grupo, em determinado dia de 1934, se internou no Hospital Tows em Nova York para desintoxicação. Depois desta internação, finalmente Bill reconhece sua impotência ao uso de álcool e, anos mais tarde, revela sua experiência sobre a importância da Dimensão Espiritual no processo de recuperação. Esta revelação é conhecida em nosso meio como "despertar espiritual".

Eis a descrição de Bill: "Minha depressão se aprofundou de forma insuportável, até que finalmente pareceu estar no mais obscuro 'fundo de um poço'. Eu ainda tinha a noção de um 'Poder Superior' atravessado na garganta, mas finalmente, o último vestígio de minha orgulhosa obstinação foi esmagado e me encontrei exclamando: 'Se existe um Deus, que se manifeste! Estou disposto a fazer qualquer coisa, qualquer coisa!' De repente o quarto se encheu de uma forte luz branca, mergulhei num êxtase que palavras não conseguem descrever. Pareceu-me, com os olhos da mente, que estava numa montanha e que soprava um vento, não de ar, mas de 'espírito'. E, de repente, senti que era um homem livre."

Depois desta experiência, carinhosamente lembrada por membros de A.A. como a "luz quente de Bill", este jamais voltou a beber.

A história da fundação de Alcoólicos Anônimos é carregada de importantes e marcantes lances espirituais.

Em 10 de junho de 1935 ficou registrada a fundação oficial de Alcoólicos Anônimos. O programa do novo grupo tomou forma definitiva com a primeira edição do livro *Alcoólicos Anônimos*, também conhecido como "O grande livro" e, no Brasil, como "O livro azul".

Alcoólicos Anônimos foi e é um forte marco nas iniciativas profissionais para tratamento da dependência química no Brasil e no mundo. É reconhecido como uma das instituições que mais recupera dependentes químicos. Outros grupos anônimos foram organizados obedecendo os mesmos princípios, e a maioria dos profissionais e instituições que realizam manejo para tratamento atuam em cooperação com estas instituições.

CORRESPONDÊNCIA QUE ILUMINA

Carl Gustav Jung foi médico, psiquiatra e pesquisador suíço, que construiu as bases da psicologia analítica e, articulou e incorporou conhecimento das religiões, da alquimia e da mitologia. Este brilhante cientista produziu dezenas de estudos e outras obras significativas para a evolução do pensamento humano e foi um dos mais influentes pensadores do século 20. Em 1961, Bill W. escreveu uma carta a Jung. Neste documento histórico (www.ijep.com.br/index.php?sec=artigos&id=85&ref=aa-e-carl-gustav-jung), realizamos um "recorte" para elucidação do texto.

Bill W. inicia a carta, agradecendo a influência do psiquiatra no desenvolvimento de Alcoólicos Anônimos. Jung havia trabalhado com um alcoólatra chamado Rowland H. em 1931. Alertava a este que sua condição alcoólica era quase sem esperança. De acordo com Jung, a única chance de Rowland alcançar a sobriedade, seria "se tornar objeto de uma experiência espiritual ou religiosa – enfim, uma conversão genuína". Jung também mencionou que tais experiências eram raras, porém aconteciam aos alcoólatras há séculos.

Jung respondeu à carta de Bill imediatamente, escrevendo que o anseio por álcool de Rowland era o "equivalente, num nível inferior, a sede espiritual de nosso ser pela unidade", expresso em linguagem medieval, pela "união com Deus".

A carta terminou com estas palavras: "Veja, o álcool em latim é *spiritus* e usamos a mesma palavra para descrever a maior experiência religiosa, como também o veneno mais depravador. Portanto, a fórmula útil é: *spiritus* contra *spiritum*."

Bill W. encontrou a mesma ideia expressa nas obras do filósofo e psicólogo William James e o considerou um dos fundadores honorários de A.A., ao se aprofundar no livro *As variedades de experiências religiosas*.

Em sua obra, que trata da evolução do modelo interdisciplinar para tratamento das dependências já citado anteriormente, dr. Jerry Spicer cita que, provavelmente, o entusiasmo de Bill deve ter sido gerado por passagens como esta:

"A influência do álcool sobre a humanidade é inquestionável, devido a seu poder de estimular as faculdades místicas da natureza humana, geralmente esmagadas na terra pelos fatos frios e as críticas secas das horas sóbrias. A sobriedade diminui, discrimina e diz não; a embriaguez expande, une e diz sim. Ela é, de fato, o grande excitador da função sim do homem...

A consciência alcoolizada é uma pequena parte da consciência mística, e nossa opinião total da mesma precisa encontrar seu lugar na nossa consciência dessa totalidade maior."

Continua o dr. Spicer: "Logo depois destas palavras há uma passagem na qual James relata sua experiência pessoal de intoxicação de óxido nitroso. Sua experiência o convenceu que a consciência normal acordada era apenas um dos muitos níveis de consciência ao alcance dos seres humanos. Pediu a seus leitores que evitassem 'fechar os olhos prematuramente para a realidade', afirmando que nenhuma psicologia poderia, com segurança, ignorar os estados alterados da consciência.

Um desses estados era a experiência de conversão – a mudança radical de pensamentos e sentimentos que Jung mencionou como a única esperança para Rowland. Em *Variedade de experiências religiosas*, James descreve, em detalhes experiências de conversão voltando até os tempos bíblicos. Ler James, deve ter sido um grande conforto para Bill W. – uma segurança sábia de que sua "luz quente" longe de refletir insanidade, era o caminho da sanidade restaurada."

Os registros históricos produzidos neste período anteciparima a importância que a espiritualidade representa para o campo da dependência química e outras compulsões.

No Brasil, encontramos pesquisa publicada na *Revista de Saúde Pública*, cujo link disponibilizamos a seguir para aprofundamento dos interessados: www.scielo.br/scielo.php?script=sci_arttext&pid=S0034-89102008000200011

Dos achados importantes, destacamos algumas evidências encontradas nas práticas em nosso meio, e que são comuns aos grupos religiosos, como oração, conscientização da vida após a morte e fé como qualidade de vida. Foco importante é a abstinência de substâncias psicoativas a menos que o quadro sintomático apresentado sugira duplos ou múltiplos diagnósticos ou comorbidades. As reuniões utilizam a psicopedagogia cristã com o objetivo de desenvolver e/ou fortalecer valor ético/moral.

Consenso entre as várias denominações religiosas é a motivação para a realização de preces com objetivo de asserenar pensamentos e sentimentos e controlar a fissura ou *craving* (desejo irresistível de usar SPA). Orientam que a oração tende a propiciar estado meditativo, promover a fé, amenizar sentimentos de solidão e promover qualidade de vida. A meta seria o afastamento das drogas, através da conscientização da degradação moral associada ao abuso destas substâncias. O enfrentamento das dificuldades, a partir da perspectiva espiritual é apoiado na fé, e propicia afastamento natural de atitudes contrárias aos verdadeiros valores da vida. O fato de se contar com a ajuda irrestrita de Deus gera amparo constante, conforto e bem-estar.

Independentemente da religião, a fé é tratada como elemento-chave, razão pela qual os encontros assumem fundamental importância. A realidade da existência do espírito e a imortalidade da alma ampliam a concepção de futuro. É consenso entre estas religiões, que o consumo abusivo de álcool e outras drogas prejudica o presente e o futuro e transcende a morte. A possibilidade de que um comportamento criminoso prejudicaria o crescimento espiritual é enfatizada.

ACOLHIMENTO E A COESÃO DO GRUPO

Segundo os achados da pesquisa, o principal fator que vincula os entrevistados à religião é o acolhimento recebido. Eles chegam ao grupo em deplorável estado físico e moral e se sentem excluídos da sociedade. No entanto, eles são tratados com respeito e dignidade ao chegarem a qualquer um dos grupos religiosos e, é nesse momento, que readquirem a identidade em um novo grupo sem que lhes peçam nada em troca, sem cobranças ou condenações.

Esse acolhimento sem preconceitos impressiona e valoriza os dependentes químicos. É consenso entre eles a valorização deste tipo de tratamento.

ESPIRITUALIDADE E SAÚDE MENTAL

Até o momento só se conseguiu observar uma pequena parte nas vantagens da frutífera relação entre espiritualidade e saúde. Apesar disso, já dispomos no momento de farto material científico que permite integrar a espiritualidade na prática clínica com um mínimo de segurança e, com potencial benefício à saúde.

RAZÕES PARA ABORDAR A ESPIRITUALIDADE DENTRO DO CAMPO DE DEPENDÊNCIA QUÍMICA E OUTRAS COMPULSÕES

Muitas pessoas que atuam na área da saúde perguntam por que razões se deve abordar a espiritualidade na prática clínica.

Segundo o dr. Harold G. Koenig, psiquiatra e responsável pela cadeira de saúde e espiritualidade da Duke University, uma das maiores autoridades no assunto, ensina que as grandes civilizações do passado sempre usaram os conhecimentos religiosos para tratar as doenças. Além disso utilizava a espiritualidade para obter melhor qualidade de vida e saúde mental, garantindo paz e harmonia. Estudos arqueológicos mostram que os sacerdotes egípcios, hindus e chineses, considerados os primeiros terapeutas, incluíam uma série de rituais espirituais na obtenção da cura de muitas moléstias. Na Grécia antiga com a medicina hipocrática o homem tenta racionalizar as práticas curativas, retirando-as do mundo mítico e criando um entendimento racional sobre o impacto que as crenças, hábitos, ambientes ou ervas causavam no organismo humano. A partir daí a espiritualidade continua a ser usada durante milênios como forma não científica de "cuidar".

Na Idade Média, surge o primeiro hospital do mundo ocidental organizado por cristãos ortodoxos para tratar de pacientes portadores de lepra, modernamente chamada de hanseníase. Essa associação entre espiritualidade e cuidados em saúde perpassa toda Idade Média, e mesmo a idade contemporânea, onde a religião controla o exercício da medicina. A Igreja era responsável pela liberação dos diplomas daqueles que queriam exercer a medicina e muitos monges eram médicos e vice-versa. Ainda hoje, em pleno século 21, instituições religiosas dirigem vários hospitais, casas de saúde, programas de saúde e asilos.

Somente no final de 1980 epidemiologistas americanos começaram a cruzar dados relacionando práticas de espiritualidade/religiosidade, tais como frequência religiosa e orações com indicadores de saúde, doença e longevidade, comprovando que estas práticas estavam associadas com melhor qualidade de vida, mais longevidade e menor incidência de doença física e mental.

Os epidemiologistas da Universidade John Hopkins, George Constock e Kay Partridge, na década de 1960, publicam no *Journal of Chronic Disease (Jornal de Doenças Crônicas)* comprovando que fiéis com alta frequência a serviços religiosos, mostravam taxas de mortalidade menores. Desde então, milhares de artigos vêm sendo publicados em revistas médicas especializadas de todas as áreas da medicina e da saúde, mostrando uma associação positiva. A constatação de que existe evidência positiva entre práticas espirituais e saúde, nos faz naturalmente pensar *em por que, como, quando e o que* devemos abordar em espiritualidade.

POR QUE ABORDAR ESPIRITUALIDADE NO TRATAMENTO DA DEPENDÊNCIA QUÍMICA

Em busca de pesquisa científica, e correlacionando com as práticas clínicas utilizadas no Brasil para abordagem e tratamento de pessoas portadoras da síndrome da dependência química, enumeramos algumas razões para associar recuperação e espiritualidade na atenção global ao uso, abuso e síndrome da dependência química e outras compulsões.

Muitos dependentes são religiosos e gostariam de abordar isso nos programas de recuperação. Eles têm necessidades espirituais e consideram que a abordagem espiritual pode auxiliar. Quando hospitalizados, são isolados de suas comunidades religiosas, o que torna o paciente mais vulnerável. As religiões influenciam nos cuidados de saúde na comunidade. E finalmente, uma tendência inexorável: Entidade Internacional de Acreditação de Hospitais (Joint Commission on Accreditation of Healthcare Organizations) tem como um dos pré-requisitos, a exigência de abordar espiritualidade, para liberar o certificado de qualidade às instituições de saúde.

Outra pergunta que a grande maioria dos profissionais da área da saúde deve se fazer é esta: *Crença religiosa influencia as decisões de dependentes químicos sobre seu tratamento?*

A resposta baseada nas pesquisas científicas do dr. Harold Koenig, que tomamos a liberdade de adaptar para a prática clínica em nosso meio, sugere que: crenças religiosas motivam cooperação e manutenção do tratamento, mudança no estilo de vida, aceitação do pós-tratamento e melhora na motivação para seguirem serviços especializados intensivos e adesão a grupos de autoajuda, dentre outros benefícios.

COMO ABORDAR A ESPIRITUALIDADE NA PRÁTICA CLÍNICA

Importante a "escuta ativa ao paciente" com o objetivo de entender e mostrar respeito pelas "crenças e descrenças" religiosas ou espirituais, apoiar estas crenças e encaminhar de maneira apropriada para o recurso espiritual de escolha da pessoa, quando indicado.

A maneira mais apropriada, eficaz e segura de abordar essa temática é por meio da coleta da história espiritual. Existem escalas e questionários desenvolvidos para tal finalidade.

PERSPECTIVAS DE FUTURO SOBRE ABORDAGEM ESPIRITUAL NO USO, ABUSO E SÍNDROME DA DEPENDÊNCIA QUÍMICA E OUTRAS COMPULSÕES

Associações internacionais ligadas às universidades endossam a necessidade de treino sobre espiritualidade aos estudantes de medicina, e, mais de 100 das 141 escolas médicas americanas têm cursos eletivos ou obrigatórios em religião e espiritualidade, incluindo escolas como a John Hopkins, Harvard, Stanford e Duke. A mesma tendência se observa em outros países. Infelizmente, a maioria das faculdades de medicina, enfermagem e psicologia no Brasil, ainda não tem a espiritualidade como temática na grade curricular da graduação. Consequentemente, a imensa maioria desses profissionais que estão saindo das faculdades, assim como os já formados, não têm capacitação ou treinamento suficiente para abordar a espiritualidade na prática clínica diária, seja no hospital, nas comunidades terapêuticas, centros de atenção psicossociais ou no consultório. Restam, pois, muitas dúvidas sobre esta importante abordagem.

No Brasil algumas iniciativas começam a aparecer no cenário acadêmico, como na Universidade Federal de Minas Gerais, na Federal de Goiás, Universidade de São Paulo, Federal do Ceará, Triângulo Mineiro e Federal do Rio Grande do Norte.

Importante citar que a Faculdade de Medicina da Universidade de São Paulo oferece disciplina optativa na graduação, *workshop* de treinamento de aplicação na prática clínica, e uma disciplina na pós-graduação. Além disso, as faculdades de medicina da Universidade Federal de Juiz de Fora e Universidade de São Paulo dispõem de linhas de pesquisa nessa área por intermédio dos núcleos Nupes, Niepes e ProSER.

A abordagem espiritual bem conduzida propiciará vantagens terapêuticas, como reforçar a habilidade do doente em lidar com a doença, melhorar o vínculo profissional e fortalecer a adesão e a crença no tratamento. Será possível também aumentar o apoio e o manejo na comunidade, motivando a satisfação com o cuidado e acelerando a recuperação da doença.

É importante entender as regras e as responsabilidades do profissional da saúde, bem como as limitações de quão intensa e profundamente eles deveriam fazer essa abordagem em assuntos espirituais. Obter o consentimento do paciente é o primeiro e mais importante passo.

É natural que o profissional não familiarizado em abordar essas questões encontre dificuldade e desconforto. Para diminuir esses medos, anseios e falta de conhecimento e treinamento, será necessário que as escolas na área de saúde humana insiram esse tema na grade curricular.

Concluímos este breve texto com o pensamento de Steven Paul Jobs, que lutou bravamente durante boa parte de sua vida com grave doença crônica, encontrando na espiritualidade apoio indispensável para a grande produção com a qual presenteou a humanidade. Steve Jobs foi inventor, empresário e magnata americano no setor da informática. Notabilizou-se como co-fundador, presidente e diretor executivo da Apple, diretor executivo da Pixar e acionista individual máximo da The Walt Disney Company:

"Até mesmo as pessoas que querem ir para o céu

não querem morrer para chegar lá. Ainda assim, a morte é o destino que todos nós compartilhamos. Ninguém nunca conseguiu escapar. E assim é como deve ser, porque a morte é muito provavelmente a principal invenção da vida. É o agente de mudança da vida. Ela limpa o velho para abrir caminho para o novo. Nesse momento, o novo é você."

PERGUNTA SOBRE ESPIRITUALIDADE, ABUSO DE SUBSTÂNCIAS PSICOATIVAS E OUTRAS COMPULSÕES

Como os profissionais devem abordar espiritualidade no tratamento do abuso, dependências e outras compulsões?

Sugerimos aos profissionais ou instituições motivadas em abordagem sobre espiritualidade que, em primeiro lugar, avaliem as suas próprias crenças, religião de escolha e espiritualidade utilizando o "FICA" que descrevemos a seguir, indicando referencial para aprofundamento:

FICA (Christina M. Puchalski – *A time for listening and caring-spirituality and the care of the chronically ill and dying* – 2006)

[F] *Faith, belief, meaning* (Fé, crença, significado)
Eu tenho crenças espirituais que me ajudam a li-

dar com o estresse e com o fim da vida? Eu sou religioso? Espiritual? O que dá à minha vida significado e propósito?

[I] *Importance and influence* (Importância e influência)
Essas crenças são importantes para mim? Elas influenciam a maneira como eu cuido de mim mesmo? Minhas crenças são mais ou menos importantes? Quais são as prioridades mais importantes em minha vida? Elas coincidem com minhas crenças espirituais? Está a minha vida espiritual integrada com minha vida pessoal ou profissional? Se não, por que não?

[C] *Community* (Comunidade)
Eu pertenço a uma comunidade espiritual? Qual é o meu comprometimento com essa comunidade? Ela é importante para mim? Eu preciso achar uma comunidade? Eu preciso mudar de comunidade?

[A] *Adress - Action in care* (Endereço - Ação em cuidados)
Eu preciso fazer algo diferente para crescer em minha comunidade? Eu tenho uma prática espiritual? Eu preciso de uma? O que eu deveria fazer em minha prática com o objetivo de crescer espiritualmente? Eu preciso fazer algo diferente? De que maneira eu integraria melhor minha vida espiritual em minha vida pessoal e/ou profissional?

PREVENIR É NECESSÁRIO

CONVERSANDO FRANCAMENTE COM PAIS E EDUCADORES

"NÃO É APENAS UM PROBLEMA legal. Ou um problema de política externa. Ou um problema educacional. Ou um problema de grupos minoritários. Ou um problema urbano ou suburbano ou rural. São todas essas coisas juntas. Contra ele não há nenhuma pílula, nenhum programa, nenhuma oração. Precisa ser atacado por todos os ângulos, de muitas maneiras e simultaneamente".

Nos anos 1980, Mario Cuomo quando foi o 52º governador de Nova Iorque, EUA, revelaria o que ainda estaria por vir: A perplexidade de um homem público diante da necessidade de enfrentar uma questão complexa para a qual não existem soluções únicas ou simplistas. Aprendeu-se com a experiência que o melhor método para lidar com o abuso de drogas é evitar os problemas e situações que causam o abuso. Este tem sido um processo lento.

As estratégias desenvolvidas para se equacionar o problema até os anos 1960 assemelhavam-se aos métodos usados para deter as doenças infecciosas: limitar o problema (tomando certas drogas legais) e isolar os dependentes (longa permanência em cadeias, hospitais e centros de tratamento). Os programas educacionais contra o abuso de drogas também se pareciam com aqueles usados para ensinar as pessoas sobre doenças infecciosas. Presumia-se que se pessoas racionais aprendessem sobre os problemas associados com drogas, decidiriam racionalmente ficar longe delas.

Muitos programas chegaram a utilizar, sem sucesso, táticas para amedrontar as pessoas. Foram minados, de certa forma, pela natureza humana (a emoção de se arriscar) e pelas leis (certas formas de abuso de drogas como o álcool e cigarros de nicotina, por exemplo, são legalizadas).

Atualmente existe consenso internacional sobre o fato de que, entre outras estratégias de prevenção, devem-se desenvolver planos com o objetivo de ajudar jovens e estudantes a resolverem seus problemas de identidade, a melhorar suas horas de lazer e se tornarem assertivos. A prevenção pode ser realizada mediante o estímulo e formação de algumas competências sociais que promovam o funcionamento de uma pessoa saudável. Algumas delas: a confiança (confiar no afeto de outras pessoas), a autoconfiança (confiança na própria capacidade de mudar); a identidade (uma identidade própria integrada e coerente); a direção (propósito na vida); a capacidade de empatia, as aptidões interpessoais (usadas para construir e manter relacionamentos produtivos, dentre outras).

A IMPORTÂNCIA DA PREVENÇÃO AO ABUSO DE SUBSTÂNCIAS PSICOATIVAS (SPA)

Atualmente, no Brasil, começa a emergir a consciência de que programas de prevenção às drogas precisam ser dirigidos aos jovens. Isto porque é mais rápido, mais econômico e mais eficiente ensinar os jovens sobre perigos do abuso e da dependência do que passar muito tempo mais tarde desintoxicando-os como adultos.

Experiências internacionais, nos países que há mais tempo se preocupam com a questão, mostram que programas de educação para jovens devem privilegiar questões fundamentais como conduzir pesquisas sobre as possíveis causas do abuso de drogas e as características diferenciadas dos usuários e não usuários. Isto se aplica principalmente aos jovens, que devem ser considerados potencialmente vulneráveis às consequências adversas de substâncias de abuso que alteram o humor, privilegiar pais, pares, educadores, comunicadores e escola como canais mais eficazes para informar e orientar os jovens, e para ajudar estes grupos a desenvolver programas de prevenção apropriados. Oferecer informação clara, concreta, honesta e relevante sobre drogas e disseminar estas informações às audiências apropriadas. Planejar e desenvolver estratégias para os desafios especiais que enfrentam as mulheres, crianças de rua, idosos, aqueles que vivem em áreas rurais e outras populações especiais. Capacitar a comunidade a desenvolver programas de prevenção dentro de uma estrutura conceitual ampla, oferecendo programas com alternativas positivas e eficazes para os jovens.

A maior parte das pessoas envolvidas no campo da dependência química acredita que uma ação bem-sucedida envolve uma abordagem holística de educação. Isto significa que a mente, o corpo, o ambiente social e econômico e o espiritual (que pode ser definido como fé religiosa, afiliação a uma igreja, crença particular ou senso de conexão com o resto do Universo) deve ser potencializada para ajudar as pessoas a alcançarem as suas metas. A prevenção, porém, é quase sempre mais difícil devido a um duplo padrão existente no Brasil e, provavelmente, em grande parte do mundo ocidental. Desencoraja-se o uso de drogas ilícitas, mas o esforço acaba minado pelas tradições culturais que incentivam o uso de substâncias psicoativas que levam à dependência, como, por exemplo, a xícara de café, as "paradas" para o "cigarrinho" e o coquetel.

A PREVENÇÃO AO ABUSO DE SPA E À INSTALAÇÃO DA SÍNDROME DA DEPENDÊNCIA QUÍMICA

A OMS – Organização Mundial da Saúde já definiu o abuso de drogas, na atualidade, como uma "doença social epidêmica". Como toda epidemia apresenta três fatores fundamentais: o agente (a droga), o hospedeiro (o homem) e o ambiente favorável (família, grupos e meio ambiente). Estas três áreas envolvidas na epidemia do abuso de drogas podem ser caracterizadas pela disponibilidade e pela atratividade das drogas. É claro que se não existissem as drogas, não haveria o problema do seu uso. Também se o indivíduo for de personalidade equilibrada e bastante estável, haverá menor risco no seu abuso.

Em termos de prevenção, a abordagem em um dos elos dessa cadeia tem menos probabilidade de ser efetiva do que aquela que contemplar os três. Como é impossível eliminar as drogas, o que se pode fazer é diminuir a sua disponibilidade por meio de um controle rigoroso e de legislação adequada, e minimizar a sua atratividade, através da educação. A abordagem não deve ter o propósito simplista de procurar culpados, como, por exemplo, os pais, os jovens, a sociedade, a polícia ou a escola. A prevenção eficiente deve estar baseada na cooperação e no suporte mútuo de todas as instâncias diretamente interessadas.

O CONTROLE DAS DROGAS LEGAIS

Um dos elos importantes da cadeia epidêmica do abuso de drogas é a "disponibilidade", isto é, a facilidade de sua aquisição. Daí a importância de um controle rígido e adequado. No que diz respeito às drogas ilegais, como maconha, cocaína, *crack*, LSD e outras, fica evidente que o controle compete às autoridades envolvidas com a redução de ofertas de drogas. Mas polícia, juízes e legisladores devem ter o apoio da comunidade nesta tarefa.

CONVERSANDO COM FILHOS E JOVENS SOBRE COMO CRESCEREM SEM ÁLCOOL E SEM DROGAS

As crianças e adolescentes de hoje sabem muito mais sobre o mundo do que pretendem seus pais. Porém, a sua visão da realidade é ainda naturalmente muito distorcida pela inexperiência e falta de maturidade. É dever dos adultos alertá-los contra as drogas e o álcool, oferecendo-lhes perspectivas adequadas.

Aqui cabe um ponto para reflexão: a interpretação paterna sobre o uso de álcool e das drogas é fundamental. Achamos que a experimentação é apenas uma fase pela qual passa a criança ou achamos que é um caminho perigoso no qual não podem entrar?

É melhor escolher a segunda opção, devido à complexidade e gravidade do problema. Eis um segundo ponto para reflexão: somos os melhores amigos de nossos filhos ou somos os seus pais? Às vezes não se consegue ser as duas coisas ao mesmo tempo.

Meu filho de 16 anos é o meu melhor amigo. Converso com ele e conto-lhe todos os meus problemas. Ele me ouve. Caberia aqui a pergunta: e quem é a mãe? É muito importante para o jovem uma definição clara de papéis. Nós adultos sabemos que a juventude é tempo de amadurecimento. Como convencer os nossos filhos que álcool e drogas vão interferir negativamente neste processo?

Devemos ter em mente três motivações principais do comportamento adolescente, inclusive quanto a usar ou não álcool e drogas: – os jovens devem aprender que não usar é mais aceitável do que usar. Que em vez de demonstrar maturidade, a droga e o álcool que usam mostra falta de preocupação com seu bem-estar pessoal, sinal evidente de imaturidade. Que embora a adolescência pareça ser a parte mais importante da vida para o jovem, ela dura cerca de 10 anos, e é na realidade um modo da natureza nos preparar para a vida adulta. São os pais que têm que lhes ensinar sobre isso.

É importante comunicar claramente e com firmeza que "não existem negociações sobre situações que coloquem em risco a saúde, a segurança ou a integridade do filho". Os pais não precisam utilizar mensagens camufladas.

Nada de atividades ilegais.

Nada de dirigir perigosamente, ou antes, da idade legal.

Nada de álcool e drogas.

O QUE FAZER NA ORIENTAÇÃO DOS FILHOS E JOVENS

ATITUDE

Falar honesta e frequentemente sobre a realidade das drogas e do álcool. Isto pode ajudá-los a adquirir uma postura contra, já na infância. Ensinar a dizer "não" para as drogas e álcool pode dar-lhes ferramentas necessárias para assumirem as suas convicções.

COMO ESTAR ALERTA PARA A PREVENÇÃO

Eduque-se sobre questões que envolvem o uso, abuso e a instalação da síndrome da dependência química. Telefone e reúna-se com os pais dos amigos de seus filhos. Conscientize-se da necessidade de possuir valores firmes e opiniões claras sobre o tema dentro da família. Manifeste à família a opinião a respeito das drogas. Conheça as crianças, mas principalmente os pais dos amigos de seus filhos. Apoie estes pais a se educarem sobre o tema. Estabeleça normas. Observe os grupos nos quais vivem os seus filhos e jovens. Um bom grupo de iguais é um modo maravilhoso de ajudá-los a crescerem saudáveis e sem drogas.

Pais solteiros ou divorciados precisam reconhecer que os seus filhos convivem entre si e exercem pressão mútua, por isso, devem se unir uns aos outros e construir vínculos fortes, compartilhando energia e força afetiva. É muito difícil criar um filho sozinho.

Tome a decisão de levar as crianças em viagens de férias com a família. Divirtam-se juntos.

Os pais têm o direito de revistar o quarto dos filhos, onde geralmente são escondidas as drogas.

Aprenda algo sobre os equipamentos do universo das drogas.

SINAIS QUE PODEM INDICAR CONSUMO DE DROGAS

Atraso na escola
Notas baixas
Decréscimo na motivação, energia e disciplina.
Falta de interesse por atividades ou *hobby*.

Perda de memória, falta de atenção, mau humor, hostilidade, irritabilidade.
Comportamento depressivo.
Desaparecimento de dinheiro ou de valores.
Aparência doentia.
Olhos vermelhos.
Mudança no vestuário ou hábitos.
Problemas com as autoridades.
Aumento anormal do apetite.
Uso de desodorizadores de ambiente, incensos.
Odores estranhos.
Sementes nos cinzeiros ou nos bolsos.
Equipamento para uso de drogas.

Se você acha que seu filho pode estar usando álcool e drogas, existem recursos de tratamentos especializados para encaminhá-lo. Quanto mais informados os jovens estiverem, mais provável que evitem o álcool e outras as drogas.

TUDO O QUE VOCÊ SEMPRE QUIS SABER...

As cinco perguntas a seguir foram selecionadas entre milhares que nos chegaram. Refletem, portanto, algumas das dúvidas mais comuns de pais, parentes e amigos de dependentes de drogas.

1 - Você acha correto que, na dúvida, reviste as coisas da minha filha para verificar se está usando drogas?

É importante estar próximo dos filhos e de suas atividades em quaisquer circunstâncias durante o seu desenvolvimento. Em se tratando de suspeita de uso de drogas torna-se essencial, em primeiro lugar, melhorar a qualidade de relacionamento favorecendo a intimidade e estabelecendo um ambiente propício à comunicação entre a família.

Se mesmo assim, permanecer as dúvidas, recomenda-se que os pais verifiquem os pertences dos filhos, a fim de que as providências necessárias sejam tomadas para evitar um mal maior.

2 - Na condição de gestor público de um programa que visa fazer prevenção de drogas entre jovens, quais os pontos mais importantes a considerar no meu plano de trabalho?

É importante considerar as orientações da OMS, envolvendo no programa, como conceito, prevenção primária, secundária e terciária. No nível primário, o programa precisa oferecer educação básica sobre a dependência química à população de forma geral, enfrentando o problema, portanto, quando ainda não se desenvolveu. No nível secundário, supõe enfrentar o problema quando já existe, fornecendo tratamentos especializados para aquelas pessoas doentes. E no terciário, implica fazer o pós-tratamento e a reintegração sociofamiliar ocupacional.

Convém ressaltar ainda a necessidade da união e da cooperação entre os vários segmentos sociais para que se possam desenvolver programas de prevenção eficientes.

3 - Como professor, ao observar em um aluno mudanças de comportamento indicativo do uso de drogas, o que devo fazer?

Se o professor tiver um relacionamento satisfatório com este aluno, e conhecimento suficiente sobre aspectos relacionados à dependência química, pode tentar diálogo com o próprio aluno, no sentido de compreender em que nível de comprometimento este aluno se encontra.

Em seguida, de preferência com o consentimento do aluno, deve contatar familiares e encontrar a melhor forma de apoiar os pais, orientando-os para procurarem profissional especializado e/ou ainda grupos de ajuda mútua como Alanon e/ou Naranon, ou ainda, os grupos de Amor Exigente, que oferecem apoio e orientação sobre como lidar com o problema.

Esta abordagem nem sempre é fácil, rápida e tranquila, mas necessita ser realizada. Não adianta negar o problema, pois ele não se resolve espontaneamente.

4 - Meu filho foi flagrado consumindo maconha na escola. E agora está sob ameaça de expulsão. Como devo agir? É indicado puni-lo também?

É importante que os pais se instruam sobre a natureza da dependência química, sobre a codependência e as suas consequências, e, deste modo, repassem o novo conhecimento ao filho, procurando conscientizá-lo de que usar drogas leva-o a perdas significativas em todas as esferas da sua vida. Convém ainda citar a ameaça de expulsão da escola como uma destas consequências negativas que o filho deverá assumir.

No caso de filhos muito jovens, é importante determinar posições familiares claras sobre não usar drogas, sendo primordial reforçá-las com o próprio exemplo. Paralelamente, sugere-se buscar ajuda de profissionais especializados em dependência química para que possam receber orientação profissional. Recomendam-se também os grupos de Amor Exigente que fornecem ajuda afetiva, e uma rede de apoio a pais que enfrentam este tipo de dificuldade.

A firmeza, o estabelecimento de limites e disciplina são condições fundamentais para lidar com o problema das drogas dentro do lar.

5 - Meu filho usa cocaína e já me prometeu mais de uma vez que ia parar, mas não conseguiu. Ele é muito resistente à ideia de tratamento. Como devo agir?

Em todas as situações relacionadas ao uso de drogas, as pessoas envolvidas devem se esforçar para adquirir conhecimento sobre o problema.

Nos casos em que a doença já esteja instalada, existindo forte resistência quanto ao tratamento, é necessário realizar intervenção com o objetivo de motivar o dependente e levá-lo ao tratamento especializado.

Pode-se preparar o grupo familiar para realizar esta intervenção, educando-o sobre a dependência química e desenvolvendo um ambiente de segurança emocional, com o objetivo de sensibilizar o dependente para a necessidade do tratamento. Esta estratégia requer ajuda profissional.

Outro recurso é o encaminhamento dos familiares para grupos de ajuda mútua e, os dependentes químicos, para Alcoólicos Anônimos e Narcóticos Anônimos.

CODEPENDÊNCIA: A DOENÇA DA FAMÍLIA

ANTES DE REFLETIR SOBRE a codependência, é necessário saber o que este termo significa. Codependência é uma síndrome crônica que segue uma progressão previsível. O codependente é a pessoa com a vida fora de controle por viver uma relação disfuncional com um dependente químico.

A dependência é conhecida em muitos meios como a doença da família. Existe um envolvimento profundo e visível entre os familiares e os sinais e sintomas progressivos emitidos pelo dependente durante a evolução da doença. O termo codependência foi criado para descrever tal situação.

Embora não existam duas famílias iguais ou que respondam à dependência química da mesma forma, existem situações, sentimentos e comportamentos comuns que prevalecem em quase toda família que se relaciona com um dependente químico.

Da mesma forma que o doente progressivamente sofre as influências do abuso, sua família também é afetada em estágios previsíveis e progressivos.

A codependência inicia quando uma pessoa, numa relação comprometida com um dependente, tenta controlar a bebida, o uso de drogas ou quaisquer comportamentos compulsivos do mesmo na esperança de ajudá-lo. Como consequência dessa busca mal-sucedida de controle das atitudes do próximo, a pessoa acaba perdendo o domínio sobre sua vida e sobre o próprio comportamento. O produto final da situação é a codependência.

Vale lembrar que o termo codependência muitas vezes é usado somente para se referir ao cônjuge do dependente. Essa ideia já foi ultrapassada pelo conceito moderno que propõe que este termo seja utilizado para todos cujas vidas se tornaram disfuncionais ou fora de controle devido à convivência não só com dependentes químicos ativos, mas por exemplo, com pessoas de comportamento obsessivo compulsivo.

Esta convivência afeta sobremaneira não só cônjuges, filhos, pais e crianças. Tornam disfuncionais também os vínculos nas organizações onde amigos e líderes de variada hierarquia podem evoluir para comportamentos desequilibrados e facilitadores. A séria disfunção da família fundadora será absorvida pelo grupo criando uma onda de sofrimento que se estende cada vez mais longe com o passar dos anos.

Essa codependência ou disfunção pode mudar: um pai alcoólico pode produzir, por exemplo, um filho trabalhador compulsivo que, por sua vez, pode produzir uma filha compulsiva que gastará todo seu dinheiro até a falência. A codependência estará quase sempre ali deixando destroços. É a tragédia máxima. Tal tragédia é de natureza multigeracional.

EVOLUÇÃO DA CODEPENDÊNCIA

Em uma primeira etapa, os familiares começam a experimentar ansiedade em decorrência do abuso da substância pelo dependente. Embora equivocado, existe consenso na família de que não existe um problema real. A verdade é que o relacionamento se deteriora e se torna cada vez mais tenso. Surgem discussões e dificuldades. As pessoas deixam de conversar a respeito do que realmente pensam e sentem.

O grupo familiar se preocupa com o uso de substâncias químicas e ao mesmo tempo se ilude negando a doença. Tenta controlar o uso ou as consequências do abuso da droga por parte do usuário. A rotina familiar se descontrola e os membros da família passam a desenvolver sintomas físicos e emocionais e, frequentemente se afastam do convívio social. Um acordo tácito, explícito e implícito, entra em vigor e é conhecido como a "lei do silêncio". Não se discute o assunto para que se mantenha a ilusão de que o uso de álcool e outras drogas "não está causando problema algum na família. Estamos lidando com ele muito bem, sem a ajuda de quem quer que seja! "

A partir desta fase, os membros da família assumem papéis rígidos e previsíveis; tornam-se coparticipantes ou facilitadores do problema. Evoluem individualmente ou em grupo para graves disfunções. É comum a negação do sofrimento emocional e outros sentimentos desconfortáveis. Poderão ocorrer crises graves na família. Cansados, procuram maneiras de fugir da situação que lhes parece insustentável. Costuma ocorrer também o distanciamento emocional do doente. É comum a separação familiar, ou até mesmo homicídios e suicídios.

O contrário também pode ocorrer: uma forte unidade familiar protegendo o dependente. De qualquer forma, esta última etapa é caracterizada por exaustão emocional de todos os envolvidos no processo.

FACILITAÇÃO

A facilitação é um comportamento que, mesmo vindo com boas intenções, serve para proteger o dependente das consequências danosas do abuso de álcool e outras drogas.

O facilitador estará contribuindo para a evolução da doença do dependente e a piora da situação familiar.

Segue alguns exemplos de comportamentos facilitadores:

Negar que o uso de álcool e drogas seja o problema principal.

Evitar problemas e conflitos causados pelo abuso de substâncias psicoativas.

Minimizar problemas já ocorridos devido ao abuso.

Racionalizar a situação defendendo o comportamento cada vez mais bizarro como sendo consequência de outros fatores.

Proteger o dependente das consequências naturais e lógicas do uso de álcool e outras drogas.

Controlar situações e pessoas com a finalidade de regular também o uso de substâncias psicoativas por parte delas.

Esperar com paciência que a situação melhore.

Praticar a "lei do silêncio" a respeito do uso de substâncias psicoativas, o que faria surgir mais assuntos desagradáveis como problemas financeiros, sexo, comunicação intrafamiliar, sentimentos pessoais, atitudes, valores e temores: tudo que possa ameaçar o precário equilíbrio da família.

Respostas culturais e habituais por parte das famílias à dor ou à crise de um membro é a proteção ou a facilitação.

Através da redução da dor procura-se acalmar a crise e ajudar o membro afetado com o objetivo de protegê-lo e proteger a unidade familiar. Esta reação é universal e manifesta-se principalmente no caso das doenças agudas.

Em se tratando de dependência química, assim como em várias outras situações, estas respostas não resolvem os problemas, pois impedem que o dependente aprenda com as experiências dolorosas que tendem ao desenvolvimento da consciência de que a dependência lhe está criando problemas.

Assim, a codependência é uma resposta normal a uma situação anormal. Neste primeiro estágio, a codependência é simplesmente uma reação aos sintomas do abuso e da evolução para a síndrome da dependência química!

Evidências técnicas e casos estudados revelam que a manifestação da síndrome da codependência respeita em geral uma ordem de acontecimentos.

Quando as respostas do grupo familiar (prescritas culturalmente) para administrar o estresse e a crise não trazem o alívio à dor causada pela dependência química na família, estes persistem em assumir responsabilidades pelo comportamento disfuncional do dependente químico.

Emitem comportamentos repetitivos, porém mais vezes, com mais intensidade, com mais desespero. Tentam dar mais apoio, ser mais úteis, mais protetores. Assumem as responsabilidades dos dependentes e não percebem que isto os leva a se tornarem mais irresponsáveis.

Com esta reação do grupo familiar os problemas pioram ao invés de melhorar, e a sensação de fracasso intensifica os esforços. Os familiares experimentam frustração, ansiedade e culpa. Existe crescente autocensura, diminuição do autoconceito e comportamentos que levam ao fracasso. Os familiares tornam-se isolados. Focalizam esforços no comportamento dependente e nas tentativas de controlá-lo. Têm pouco tempo para se dedicar às próprias atividades. Como resultado perdem o contato com o mundo fora do círculo familiar disfuncional. Os familiares se isolam do meio social, o que gera sofrimento no grupo.

A resposta habitual e continuada no meio familiar resulta em padrões repetitivos e comportamentos autodestrutivos. Estes padrões de comportamento tornam-se independentes e autorreforçadores e permanecerão mesmo na ausência dos sintomas da dependência. As tentativas familiares para o esforço de ajudar o dependente, via de regra, fracassam.

Como consequências gerais advêm desespero e culpa que resultam da incapacidade de interromper o comportamento disfuncional, mesmo quando o grupo familiar tem consciência de que não está ajudando. Os sentimentos, pensamentos e comportamentos do codependente se descontrolam e continuarão evoluindo mesmo com a morte ou a recuperação do doente. A degeneração torna-se física, emocional e social. As tentativas frustradas para controlar o abuso da substância e o comportamento bizarro do dependente elevam o estresse a ponto de produzir doenças psicossomáticas. Este estado de sofrimento crônico pode levar a outras doenças emocionais e mentais e ao colapso físico.

A síndrome da codependência leva as vítimas ao descontrole e se torna um estilo de vida centrado na disfunção comportamental que permeia todas as atividades da vida, mesmo aquelas não relacionadas à dependência química. A degeneração social culmina quando o foco no uso de álcool e outras drogas interfere nos relacionamentos e nas atividades sociais. A degeneração espiritual ocorre quando o foco do problema se torna tão grave que não há mais interesse em nada, principalmente preocupações e necessidades relacionadas a um maior significado na vida.

Com a progressão da síndrome, os familiares experimentam toda sorte de sentimentos perturbadores, sendo os principais a raiva dirigida ao dependente.

Codependentes se tornam pessoas iradas. Dentre eles o ressentimento em relação às atitudes bizarras do dependente, às promessas não cumpridas, à desonestidade que toma conta do comportamento do doente e a dor devido à deterioração familiar e a vergonha do comportamento embaraçoso. Codependentes acabam sentindo vergonha de si próprios quando se percebem impotentes diante da situação.

A culpa: codependentes se sentem culpados e tendem a culpar uns aos outros devido aos problemas gerados pelo abuso da droga. As crianças, em especial se acham culpadas por "atrapalhar" o bom andamento da família: "Se eu tirasse notas melhores na escola talvez mamãe não bebesse assim".

Solidão: o grupo familiar desagrega e se isola tanto no seio familiar como na sociedade de forma geral. Medo caracterizado pelo temor do futuro, do desconhecido, possíveis acidentes, discussões. Medo da violência verbal e física e da ruína financeira. A ansiedade ocorre até mesmo nos finais de semana, nas festas ou encontros familiares.

A progressão da codependência acarreta a incapacidade da família de continuar amando ou preocupando-se com o membro dependente. Passam a se distanciar dos outros e, com a dissolução de uma comunicação saudável, se tornam emocionalmente alienados. Passam a viver uma situação mentirosa baseada somente em ilusões.

SINAIS DA CODEPENDÊNCIA

Existe uma série de sinais e sintomas próprios da codependência que podem ser percebidos de forma muito clara. Dentre eles relacionaremos aqueles mais comuns e perceptíveis.

Habitualmente a rotina diária da família é interrompida devido a situações criadas pelo dependente.

Familiares mais próximos deixam de cuidar da aparência pessoal, passando a se preocupar sempre com os outros, desconsiderando as suas próprias necessidades. Surgem problemas de comportamento, principalmente com as crianças. Crescem as dificuldades para lidar com prioridades. Ao invés de agir, o cônjuge reage às situações da vida.

O codependente torna-se progressivamente incapaz de tomar decisões relacionadas à vida diária, experimentando episódios em que se sente levado a fazer mais de tudo (as compulsões). O que já foi feito parece nunca ser bastante.

Este quadro intensifica o estresse, levando à incapacidade de dormir as horas necessárias para sentir-se confortável e descansado. Quando consegue dormir o sono é instável! Torna-se obcecado e ressentido, remoendo, revivendo e recordando as situações que o magoaram ou o irritaram.

À medida que o codependente sente o seu descontrole perante a vida, começa abertamente a tentar controlar e manipular outras pessoas ou situações. O codependente pode não aprovar totalmente algumas de suas próprias ações, mas quando desafiado justifica abertamente as ações de maneira irada e irritada. Começa a viver os problemas do presente e do passado, aumentando-os.

Ao questionar-se, a pergunta principal é: Por que eu?

Pode estar muito preocupado com as finanças da família, mas, impulsivamente gasta dinheiro para sentir-se melhor. Fica convencido de que merece o que comprou, mas sente culpa e remorso.

Nesta etapa é comum perder o apetite ou comer demais, geralmente culpa as outras pessoas negando a própria disfuncionalidade pessoal. Passa a experimentar períodos de intenso nervosismo. Perde a autoconfiança, a esperança e a crença em um poder superior qualquer que seja. Tende a confiar somente em si mesmo ou fiscalizar o dependente químico para obter soluções para os problemas. Acredita que não tem nenhum problema. O problema está no outro, portanto, pessoalmente não precisa de ajuda.

Devido à tensão física e psíquica, a velocidade do pensamento torna-se incompatível com a possibilidade de realização, não conseguindo resolver problemas simples. Tem sentimento de impotência e frustração com a vida. Experimenta frustração, mas não consegue identificar o que está errado. O estado de tensão agrava-se, aumentando a insônia o sono intermitente ou dormindo demais. Perde a coerência emocional. Expressa sentimentos sem que saiba qual o seu real significado. Fica deprimido sem razão ou irado sem motivo aparente.

Nesta etapa da evolução da síndrome, o codependente perde o controle sobre o comportamento, inicialmente com o adicto e com as crianças. Este comportamento manifesta-se através de punições exageradas às crianças ou sob forma de agressividade verbal e física ao dependente e geralmente acontece sem nenhum aviso. São mudanças dramáticas.

A partir daqui, não se sente mais *um pouco deprimido ou um pouco feliz*, mas sim, *extremamente feliz e extremamente deprimido*.

Aqui, deixa de procurar os amigos e a família, sendo esta uma atitude insidiosa. Não aceita mais convites, perde encontros e não mais responde às chamadas telefônicas. Permanece mais tempo solitário, justificando o isolamento com o argumento de que ninguém o entende e nem se preocupa com ele. Focaliza somente a sua opinião e decisão, sendo incapaz de considerar outros pontos de vista. Está com a mente fechada. Sente medo e não sabe o porquê.

Nesta condição começam a surgir problemas de natureza física, tais como: dores de cabeça, enxaquecas, dores de estômago, dores no peito, erupções e alergias entre outros.

A vítima da codependência, muitas vezes, desesperada para conseguir algum alívio da dor física ou emocional, pode lançar mão de álcool e outras drogas ou mesmo substâncias psicoativas prescritas. Esta condição pode culminar com uso, abuso e evoluir para a síndrome da dependência química se a vítima apresentar a predisposição.

Em muitos casos este fenômeno ocorre devido à ilusão temporária da resolução dos crescentes problemas que está enfrentando, e principalmente, devido à intensificação da negação, do medo imobilizador e dos ressentimentos. O codependente nega o seu problema. Para defender a autoestima, racionaliza.

Como resultado ocorre uma mudança no sistema de valores. É mais fácil acreditar que *"eu não me importo"* do que aceitar que *"eu estou fora de controle"*. Deixa de acreditar que uma vida organizada é possível. Experimenta sensação desesperadora. Sente que tem somente duas ou três opções: ficar louco, cometer suicídio ou entorpecer-se com remédios e/ou álcool.

Os sintomas físicos tornam-se tão severos que necessita de atenção médica. Estes sinais e sintomas tornam o codependente completamente disfuncional. Após ter tentado de tudo para lidar com os problemas, não encontra mais nenhuma maneira para lidar com sua vida que se torna totalmente incontrolável. Neste ponto pode apresentar-se deprimido, hostil, ansioso e totalmente fora de controle.

Apesar deste quadro sombrio, da mesma forma que a dependência, a codependência tem recuperação.

RECUPERAÇÃO E TRATAMENTO PARA CODEPENDENTES

Recuperação deve ser autoadministrada. A vítima deverá se responsabilizar pela sua recuperação. Ninguém poderá desenvolver qualidade de vida, bem-estar pessoal e social tentando recuperar o outro. Mesmo que o dependente químico esteja em recuperação e abstinente de sustâncias psicoativas, poderá apresentar recuperação parcial, portanto, em plena síndrome de abstinência tardia, que é um tipo de vulnerabilidade durante o processo de recuperação. Este fenômeno torna-o disfuncional física e emocionalmente, interferindo no relacionamento interpessoal.

Tanto os *sintomas de abstinência tardia* como os da codependência são sensíveis ao estresse. O estresse intensifica os sintomas e os sintomas intensificam o estresse. Como resultado, o dependente em recuperação e os codependentes podem se transformar num grupo gerador de estresse sem saber e, inconscientemente dificultar a recuperação recíproca.

É importante lembrar que ninguém desenvolve a síndrome da codependência da noite para o dia. A recuperação também não ocorre de pronto. Será um processo de médio e longo prazo e a efetividade dependerá do investimento e motivação pessoal para alcançar pleno bem-estar.

A recuperação da codependência envolve algumas etapas básicas:

A primeira delas é estabilizar o dependente e o codependente. Em se tratando do dependente será necessário realizar a administração da *síndrome de abstinência aguda* que são sinais e sintomas que surgem com a retirada de álcool e outras drogas. Muitas vezes será necessário suporte hospitalar devido aos riscos de natureza clínica e psíquica nesta etapa.

O cônjuge ou codependentes principais serão estabilizados pelo manejo da crise da codependência que envolve o desligamento da crise do dependente. O foco deverá ocorrer na realidade e no presente e visa o desenvolvimento de forças pessoais. Muitas vezes será necessário suporte oferecido por grupos de ajuda e aconselhamento profissional.

A segunda etapa contempla a avaliação do dependente dos codependentes principais e do sistema familiar. Esta avaliação envolve a análise dos problemas atuais de cada familiar e sua disposição e motivação para iniciar um programa de recuperação pessoal e familiar.

Em seguida será necessário iniciar educação e conscientização sobre a natureza da dependência química, codependência e agravos relacionados ao tema. A informação correta, atualizada e assertiva é uma das mais poderosas ferramentas da recuperação. O dependente e sua família necessitam ter conhecimento específico e compreender e aceitar o programa de tratamento para recuperação global.

A próxima etapa trata de ajudar o codependente a identificar os principais sinais e sintomas de disfuncionalidade pessoal. A melhor forma de realizar este manejo é através de processos grupais. Codependentes percebem melhor estes sinais de aviso quando se identificam com outras pessoas que sofrem com o mesmo problema. Listas pessoais de sinais e sintomas de disfunção são guias valiosos que ajudam neste processo. A identificação e várias revisões dos sinais e sintomas da disfunção é realizada pelo grupo.

Podem ocorrer vários encontros até se alcançar a confirmação de que eles existem na dinâmica familiar, através de reapresentação e revisões de listas pessoais. Novos sinais podem ser acrescentados à lista baseados nos retornos. Dentro desta dinâmica não haverá um único paciente identificado. Todos participam em posição de igualdade. Essencialmente dizem um ao outro: "Todos fomos igualmente afetados de várias maneiras pela dependência e codependência."

A partir deste momento os familiares discutem cada um de seus sinais de aviso, e como a família lidou com eles e que estratégias deveriam seu usadas efetivamente. Os problemas de cada família são identificados e atribuídas soluções pelo próprio grupo.

Com a evolução do processo terapêutico deve-se orientar cada membro do grupo a realizar um inventário pessoal pela manhã com revisão à noite. O foco principal será principalmente na estruturação do tempo, a definição de objetivos realistas e a resolução de problemas.

Os familiares precisam se comunicar efetivamente para que o processo de recuperação se instale. Necessitarão de treinamento sobre comunicação, enfocando o processo de dar e receber retornos de forma construtiva e carinhosa.

Seguimento e reforço são fundamentais para a recuperação global do núcleo familiar. As síndromes da dependência química e da codependência são condições crônicas, cujas vítimas terão que lidar com ela a vida toda. Os sintomas podem entrar em remissão, mas nunca desaparecem completamente. Ficam latentes esperando um lapso no programa de recuperação para ficar ativos novamente.

É importante que a família mantenha um programa de recuperação progressivo que inclua grupos de ajuda, contemplando também alcoólicos anônimos e grupos para familiares como o Alanon, e se possível, uma avaliação periódica com profissionais em codependência.

TUDO O QUE VOCÊ SEMPRE QUIS SABER...

As cinco perguntas a seguir foram selecionadas entre milhares que nos chegaram. Refletem, portanto, algumas das dúvidas mais comuns de pais, parentes e amigos de dependentes de drogas.

1 - Acho que, além do meu irmão que é alcoólatra, minha cunhada está precisando também de ajuda. Como não bastassem as surras que o pai dá nas crianças, ela própria começou a bater muito nos meninos com mais frequência, como se eles tivessem culpa de o pai chegar bêbado em casa todos os dias. O que devo fazer para ajudá-la? Qual a melhor abordagem?

Os dois deverão ser orientados a buscar ajuda. Devem ser fornecidas informações sobre o assunto e orientação sobre as formas de ajuda que podem receber, conscientizando-os de que o problema não se resolverá por si mesmo.

Inicialmente, podem ser encaminhados para grupos de autoajuda através das irmandades de anônimos, cada um em seu respectivo grupo, ou seja, grupos para dependentes e grupos para codependentes. Se o problema persistir, deverão procurar aconselhamento profissional especializado.

2 - Já ouvi falar numa técnica de abordagem de dependentes químicos chamada intervenção orientada. É realmente eficaz para persuadir um dependente e o codependente a aceitarem tratamento?

Intervenção orientada é uma técnica eficaz que tem por objetivo educar, sensibilizar e preparar a família para levar o dependente químico a tratar-se, já que a dependência química é uma doença de negação. Na prática ocorre uma espécie de coerção positiva, com o objetivo final de motivar ao tratamento alguém que está morrendo de uma doença que não identifica. Deve ser monitorada por profissionais especializados em dependência química e codependência, familiarizados com a técnica.

3 - Todo mundo conhece pelo menos um caso de mulher de alcoólatra que, apesar de viver um inferno pessoal, ao lado de alguém violento e imprevisível, prefere não o abandonar. Têm outras mulheres que, depois de muito apanharem, resolvem abandonar o marido, mas, inexplicavelmente, não sentem nenhum alívio. São codependentes?

A codependência é um processo que lentamente vai se tornando independente. Mesmo com a recuperação, a morte ou a separação do dependente a disfuncionalidade se mantém. A literatura mostra que filhos de pais dependentes, geralmente unem-se a companheiros dependentes e em uma segunda ou terceira união conjugal, também são atraídos por pessoas disfuncionais. Isto é codependência.

4 - Como é o tratamento da codependência? De que forma posso me integrar a um programa de recuperação, junto com o meu marido, para não manter as mesmas atitudes de proteção depois que ele parar de beber?

É necessário separar a crise do dependente da crise do codependente. Na prática, significa que cada um precisa priorizar o seu programa de recuperação individual, rompendo a simbiose do relacionamento disfuncional. O codependente não é o responsável pela dependência do cônjuge, sendo importante libertar-se de culpa e do remorso, desenvolvendo forças pessoais para iniciar o seu próprio processo de autoconhecimento e o fortalecimento da autoestima. Precisa conscientizar-se dos mecanismos de facilitação que regem o seu relacionamento com o dependente e que favorecem a manutenção do uso da substância psicoativa por parte do mesmo. É importante também estar consciente da necessidade de ingressar em um programa de recuperação através de grupos de anônimos para familiares de dependentes e, se possível aconselhamento profissional especializado.

5 - Outro dia assisti no vídeo ao filme *Quando um homem ama uma mulher*, com Meg Ryan e Andy Garcia, em que a atriz interpreta uma personagem alcoólatra que, a pedido do marido, procura um centro de tratamento. Quando ela começa a mostrar sinais de recuperação, o marido é que passa a se sentir inútil sem ter mais as preocupações de apoiá-la nas crises de bebedeiras. Isso é codependência?

Este pode ser um dos sintomas da codependência. As estruturas doentias formam-se a partir de um relacionamento disfuncional que se instala com a dependência. Os familiares passam a perceber uma realidade anormal como se fosse normal. Perdem o parâmetro do que seria uma vida coerente. Um agravante do processo é a conhecida lei do silêncio, que é um acordo solitário, tácito e inconsciente do grupo familiar, impedindo os seus membros de compartilharem com as outras pessoas a realidade dos seus problemas. Este processo acaba fechando-se em um círculo de isolamento social e emocional e leva o grupo familiar a um profundo sofrimento que se perpetua, tornando-se estrutura independente, mesmo com a recuperação, a morte ou a separação do dependente. O filme mencionado é apenas um exemplo romanceado que mostra uma parte do sofrimento na codependência. A realidade, infelizmente, é bem mais cruel do que mostra o filme.

LEITURA COMPLEMENTAR

Para conhecer mais sobre a codependência, leia o *e-book O que é codependência*, de Romina Miranda, editado e distribuído gratuitamente pelo Instituto Independa:

www.oqueecodependencia.com.br

VOLTANDO AO PRINCÍPIO

ESPERAMOS TER ALCANÇADO a expectativa, mesmo que parcial, ao oferecer nossa pequena contribuição com as informações apresentadas.

Que estas possam ser úteis aos seus destinatários preferenciais – as vítimas, familiares, pais, educadores, agentes comunitários, profissionais de saúde, e todos aqueles que desejam conhecer melhor o "fenômeno" e os agravos que nos afetam sobremaneira na atualidade: o uso e o abuso de álcool e outras drogas e a síndrome da dependência química.

Que estas informações, somadas e multiplicadas pelo esforço e dedicação de todos e de cada um, direcione para um mundo de melhor compreensão e convivência entre as pessoas, principalmente aquelas que sofrem como vítimas de tão grave mal que atinge a humanidade inteira.

Conheça também esses livros:

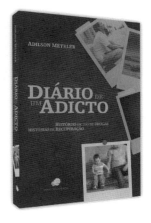

Diário de um adicto
Adilson Mételer
Dependência química • 14x21 • 160pp.

Esta é uma visão realista da doença da adicção, um depoimento corajoso de um dependente químico em recuperação, que conta com conhecimento de causa quanto sofrimento pode haver na vida de quem usa drogas, bem como nas vidas dos familiares. É também uma inspiração e uma prova de que se deve ter esperança!

Drogas: Causas, consequências e recuperação
Valci Silva
Dependência química • 14x21 • 232pp.

Em linguagem bastante acessível, o autor dirige-se ao leitor (espírita e não-espírita) esclarecendo-o sobre as drogas, de maneira geral, seus componentes e seus efeitos e sobre os princípios científico-filosóficos do espiritismo, que nos sustentam, criaturas endividadas que somos, nesta maravilhosa escola reencarnatória chamada: Planeta Terra.

Não encontrando os livros da EME na livraria de sua preferência, solicite o endereço de nosso distribuidor mais próximo de você através do Fone/Fax: (19) 3491-7000 / 3491-5449.
E-mail: vendas@editoraeme.com.br – Site:www.editoraeme.com.br